PUHUA BOOKS

我
们
一
起
解
决
问
题

工厂管理"书+课"系列图书

制造企业生产成本全面管控手册

视频讲解版

郑时勇◎主编

人民邮电出版社

北京

图书在版编目（CIP）数据

制造企业生产成本全面管控手册：视频讲解版 / 郑
时勇主编. -- 北京：人民邮电出版社，2022.5
（工厂管理"书+课"系列图书）
ISBN 978-7-115-59013-8

Ⅰ. ①制… Ⅱ. ①郑… Ⅲ. ①制造工业－工业企业管
理－成本管理－手册 Ⅳ. ①F407.406.2-62

中国版本图书馆CIP数据核字（2022）第050933号

内 容 提 要

持续赢利是企业永续经营之根本。在竞争激烈的微利时代，企业要想实现持续赢利，
就必须降低成本。本书从制造企业全面成本管理体系建设出发，详细介绍了研发成本、生
产成本、采购成本、质量成本、销售成本和人力资源成本这六个成本项目的具体管控方法，
帮助制造企业切实解决成本控制问题，使制造企业在机遇与风险并存的经济环境下能够顺
应变化，持续改善和革新现有的生产方式，以达到控制生产成本的目的。

本书适合制造企业各级管理人员和成本专员阅读。

◆ 主　　编　郑时勇
　　责任编辑　陈斯雯
　　责任印制　彭志环
◆ 人民邮电出版社出版发行　　北京市丰台区成寿寺路 11 号
　　邮编　100164　电子邮件　315@ptpress.com.cn
　　网址　https://www.ptpress.com.cn
　　北京天宇星印刷厂印刷
◆ 开本：700×1000　1/16
　　印张：15.5　　　　　　　　2022 年 5 月第 1 版
　　字数：250 千字　　　　　　2025 年 7 月北京第 10 次印刷

定　价：69.00 元

读者服务热线：(010) 81055656　印装质量热线：(010) 81055316
反盗版热线：(010) 81055315

前言
Preface

制造业是国民经济的主体，是立国之本、兴国之器、强国之基。党的十九大报告明确指出，加快建设制造强国，加快发展先进制造业。建设制造强国，需要继续做好信息化和工业化深度融合这篇大文章，推进智能制造，推动制造业加速向数字化、网络化、智能化发展。制造强国战略明确提出，"以加快新一代信息技术与制造业深度融合为主线，以推进智能制造为主攻方向""实现制造业由大变强的历史跨越"。

可以预见的是，国家大力扶持智能制造、制造转型，势必给众多产业带来新一轮的发展机遇。当前，"制造强国"进入全面部署、加快实施、深入推进的新阶段，企业实现智能转型的愿望非常迫切。

精益生产管理方式是目前公认的较适合我国国情的一种提升企业效益的有效手段，但目前企业的应用状况却不尽人意，其原因之一是企业管理者专业知识不够，或者是学习到的方法缺乏实战性，还有一个非常重要的原因是企业管理者缺乏精益生产推行的实用工具，更多的是掌握一些思想或理念。

基于此，"制造强国"工厂管理水平升级项目研发中心，邀请制造业实战专家，开发了工厂管理"书+课"系列图书，内容涵盖了生产一线管理的各个方面。其中，《制造企业生产成本全面管控手册（视频讲解版）》一书由制造企业成本战略、建立全面成本管理体系、研发成本控制、生产成本控制、采购成本控制、质量成本控制、销售成本控制和人力资源成本控制等内容组成，帮助制造企业切实解决成本管控难题，使制造企业在机遇与风险并存的经济环境下能够顺应变化，持续改进生产方式，以达到降成本、增利润的目的。同时，本书配有视频课程，对制造企业成本管控的相关内容进行了详细解读，可以帮助制造企业各级管理人员和成本专员快速掌握全面成本管控的有效方法。

由于编者水平有限，书中难免存在疏漏与不妥之处，敬请读者批评指正。

编者

目录
Contents

　　成本管理是指管理者在满足客户需求的前提下，持续地降低和控制成本的活动。随着竞争环境的变化，企业处于更深层次、更全面的竞争环境中，企业要想获得战略上的成本优势，必须在成本管理中融入战略思想及全局思想。

　　全面成本管理体系是以成本管理的科学性为依据，建立由全员参与、包含企业管理全过程的、全面的成本管理体系，并汇集全员智慧，发挥全员主动性，让全体员工自主改善，不断降低成本，使经营层与各部门员工具有降低成本的一致性，谋求在最低成本状态下进行生产管理与组织运作。

第三章　研发成本控制 41

　　由于80%的产品成本在研发阶段几乎已确定，可以说研发阶段是产品成本的起点，对后续的生产成本有决定作用。因此有效的成本控制应发生在产品研发阶段，企业应在源头上对产品成本进行控制。

生产成本控制是企业为了降低成本，对各种生产消耗和费用进行引导、限制及监督，使实际成本维持在预定标准成本之内的一系列工作。生产成本控制不仅包括对生产消耗进行控制，还包括对企业的生产组织情况和产品数量进行控制。

第五章 采购成本控制 129

采购成本指与采购原材料相关的成本，包括采购订单费用、采购计划制订人员的管理费用、采购人员管理费用等。控制采购成本对于企业提高利润至关重要。一般来说，采购成本占制造业总成本的60%～80%。因此，控制与削减采购成本是控制制造业成本的核心环节。

第六章 质量成本管理 **161**

质量成本是指企业为了保证质量达标而支出的费用和由于产品质量未达到规定要求而产生的损失的总和，是企业生产总成本的组成部分。制造企业既要不断提高产品质量，又要降低为确保质量投入的成本，才能在激烈的竞争中创造更好的经济效益。

第七章　销售成本控制 **183**

竞争性的制造企业势必会把销售当作头等大事来抓，并在销售环节投入大量的资金和人力。没有投入（销售成本）就没有产出（销售额）；而投入过大就有可能亏本，企业的正常运作可能无法维持下去。因此，进行销售成本控制既能促进销售又能让企业获得可观的利润。

第八章　人力资源成本控制 213

人力资源成本是企业为了实现自己的目标，创造最佳经济效益和社会效益，而进行招聘、开发、培训、保障必要的人力资源及人力资源离职所支出的各项费用的总和。企业要想发展，就必须有效地控制人力资源成本，提高管理效率。

导读

全面成本管理

　　企业经营的核心就是在满足客户需求的同时获得利润。持续赢利是企业永续经营之根本。在竞争激烈的微利时代，企业要实现持续赢利，就必须降低经营成本。但降低经营成本仅依靠经营层及财务人员是不够的，只有企业的相关管理人员掌握并运用先进的管理技术，建立全员、全方位、全过程的全面成本管理体系，才能持续降低生产成本，提高质量，改善工作效率，最终为企业获取更多利润。

一、何谓全面成本管理

　　全面成本管理（Total Cost Management，TCM）是运用成本管理的基本原理与方法体系，依据现代企业成本运动规律，以优化成本投入、改善成本结构、规避成本风险为主要目的，对企业经营管理活动实行全过程、广义性、动态性、多维性成本控制的基本理论、思想体系、管理制度、机制和行为方式。所谓"全面"包括三个方面，即全员、全方位、全过程，亦称为全面成本管理的"三全性"。

（一）全员成本控制

　　全员成本控制是指发动企业管理人员、工程技术人员和广大生产人员树立成本意识，参与成本控制。成本是一项综合性指标，涉及设计、采购、生产、销售、管理等各项工作，企业要真正达到成本控制的目的，必须调动企业内部全体员工的积极性，通过建立经济责任制，把专业成本控制工作和群众性成本控制工作结合起来，上下联系，明确每个员工、每个部门在成本控制中的职责。企业也应广泛发动全体员工讨论各项成本定额、成本支出标准、成本目标和降低成本的措施，使成本控制工作成为全体员工的工作职责并使全体员工付诸行动。

（二）全方位成本控制

全方位成本控制是指对企业生产经营过程中所耗费的全部成本，包括料、工、费等各项支出进行严格监督和限制，不仅要对变动成本进行控制，还要对固定成本进行控制。全方位成本的组成如图1所示。

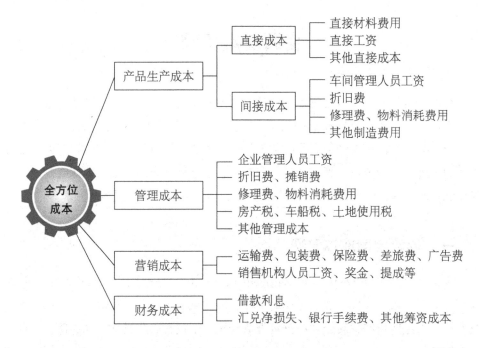

图1　全方位成本的组成

（三）全过程成本控制

全过程成本控制是指对产品设计、工艺、采购、生产、销售、使用的整个过程产生的成本进行控制。全过程成本控制不仅对构成产品生产成本的发生过程进行控制，也对生产前的设计、工艺、采购和生产后的销售、使用所产生的成本进行控制。成本的形成过程如图2所示。

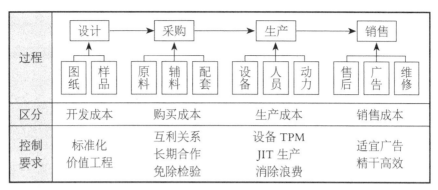

图2 成本的形成过程

二、全面成本管理的基本框架

全面成本管理的基本框架包括财务（Finance）、客户（Customers）、企业内部业务流程（Internal Business Processes）和企业学习与成长（Learning and Growth）四个方面，如图3所示。

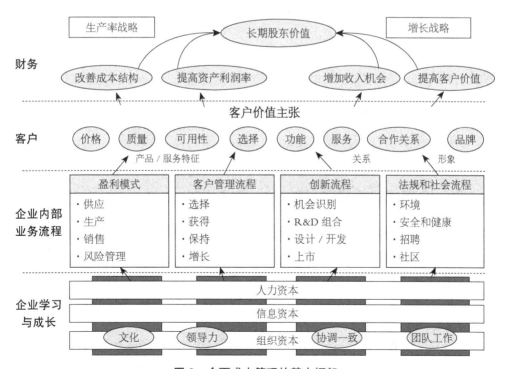

图3 全面成本管理的基本框架

（一）财务

获取以权责发生制为基础的利润是企业的财务目标，但鉴于以获取利润作为财务目标的缺陷及企业处于不同发展阶段时财务目标的不同，必须辅以现金流动会计；此外，对效益的评估也应延伸至对间接效益的评估。

（二）客户

企业使客户满意的关键在于保证质量。全面质量管理指出客户是质量概念的核心。关注客户、关注质量就必须关注质量成本、产品生命周期成本及环保成本。

（三）企业内部业务流程

企业内部业务流程通常包括研究开发流程，这使企业应当进行开发能力评估及作业成本管理。

（四）企业学习与成长

在组织的背景下，竞争力以不同的方式发展。许多企业越来越倾向于借助学习工具来更快地培植核心竞争力。企业只有不断学习，才能在变化的环境中不断成长。因此，企业必须重视规划人力资源成本，运用人力资源价值会计、行为会计，建立良好的激励机制与管理报酬计划。

在以培植核心竞争力为目标的全面成本管理框架中，财务是最终目标，客户是关键，企业内部业务流程是基础，企业学习与成长是核心。四者相互作用、相互影响，有助于衡量、培植和提升企业的核心竞争力。

三、全面成本管理的核心：价值链分析

全面成本管理立足于长远的战略目标，致力于培养企业的核心竞争力。为了达到这一目的，相关管理人员需要了解并运用价值链这一有效的战略性分析工具。

企业成本与其价值活动有着共生关系，所有成本都能被分摊到每一项价值活动之中。价值链分析可以衍生出企业的发展战略，并且该战略将会对企业的成本管理模式产生重大影响。

图4基于价值链分析，提供了解释成本计算和管理方法的一个合理的逻辑框架。

（1）图4描述了企业价值链的全过程，产品生命周期成本计算恰好提供了对这

条价值链上产品全过程的成本计量，强调要从产品生命周期的角度来看待成本，包括生产者成本和消费者成本。

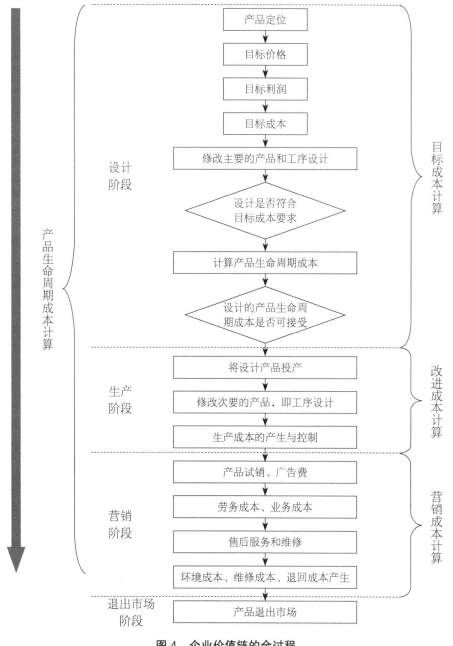

图4　企业价值链的全过程

（2）从产品生产过程看，企业价值链分析可以分为设计、生产、营销及退出市场四个阶段。目标成本计算主要针对设计阶段，改进成本计算主要针对制造阶段，营销成本计算主要针对营销阶段和退出市场阶段。

第一章

制造企业成本战略

成本管理是指管理者在满足客户需求的前提下，持续地降低和控制成本的活动。随着竞争环境的变化，企业处于更深层次、更全面的竞争环境中，企业要想获得战略上的成本优势，必须在成本管理中融入战略思想及全局思想。

第一节　成本管理的误区及其解决之道

一、成本管理的误区

企业在激烈的市场竞争中，逐渐认识到控制成本是企业生存和发展的关键，绝大多数企业已经纷纷行动起来，开展各种形式的成本管理。然而，部分企业却进入了以下误区：

（1）只看到绝对成本，忽视了相对成本；

（2）只看到显性的产品物料成本，忽视了隐性的效率损失；

（3）认为成本管理就是物料降价和裁员减薪，忽视了端到端和全流程成本管理的潜力；

（4）认为成本管理就是建立目标、分解目标、执行计划，忽视了全流程的损益分析和成本决策环节。

各种形式的成本管理如图1-1所示。

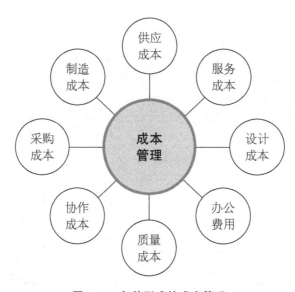

图1-1　各种形式的成本管理

二、解决之道：总成本领先

总成本领先战略又称低成本战略，是指企业通过各种努力降低成本，使企业的总成本低于竞争对手的总成本，从而获得持久的竞争优势。采用总成本领先战略的企业一般会通过低成本、低价格手段与其对手展开竞争。

（一）总成本领先战略的目标

总成本领先战略的目标如下。

（1）追求全局最优，而非局部最优；追求相对竞争力，而非绝对成本——在核心价值点上，持续积累核心竞争力。

总拥有成本如图1-2所示。

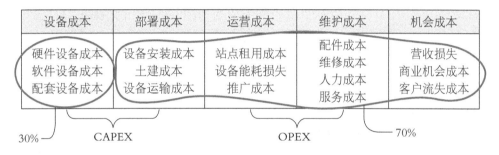

图1-2　总拥有成本

CAPEX全称为Capital Expenditure，即资本性支出，一般指资金或固定资产、无形资产的投入。

OPEX全称为Operating Expenses，即经营性支出，一般指企业的管理支出、办公室支出、员工工资支出和广告支出等日常支出。

（2）追求端到端和全流程的成本改进——基于端到端和全流程的业务场景分析，寻找改进目标。

实现这一目标的关键是企业在每个领域都向业界最佳看齐，不断寻找自身与业界最佳之间的差距，以及内部各部门之间的差距，通过团队协作持续不断地改进提高。

端到端和全流程的成本改进如图1-3所示。

9

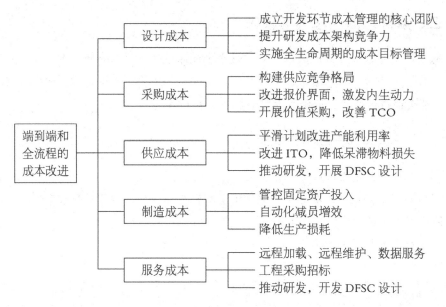

图1-3　端到端和全流程的成本改进

（3）节约下来的成本都是纯利润——不因钱少而不为，一切存在浪费的环节，都是改进的对象。

（二）总成本领先带来的好处

总成本领先带来的好处如下。

（1）获得高于行业的平均利润，可用于提高自身竞争力。

（2）可以有效防御竞争对手的进攻。

（3）客户的议价空间大，有利于扩大市场份额。

（4）可以强有力地影响供应商。

（5）对潜在进入者构成进入壁垒。

第二节　波特的成本战略

战略问题是企业管理中一个重要的层面，也是哈佛大学商学院的迈克尔·E.波特（Michael E.Porter）教授所提理论的核心组成部分。成本优势和价值链是波特理论中两个十分重要的基点，由此形成了他特殊的基于战略考虑的成本观念。

一、波特的三大战略

波特认为，在与五种竞争力量的抗争中，蕴涵着三大成功型战略：总成本领先战略、差异化战略和专一化战略（如图1-4所示）。波特认为，这些战略的目标是使企业在产业竞争中获得优势：在一些产业中，这意味着企业可取得较高的收益；而在另外一些产业中，一种战略的成功可能只是企业在绝对意义上能获取微薄收益的必要条件。有时企业追求的基本目标可能不止一个，但波特认为这种情况是很少见的。因为有效地贯彻任何一种战略，通常都需要企业全力以赴，集中投入资源。如果企业的基本目标不止一个，则资源将被分散。

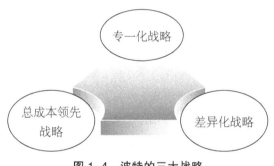

图1-4　波特的三大战略

（一）总成本领先战略

总成本领先战略要求企业必须建立高效的生产设施，在经验的基础上全力以赴地降低成本，加大对成本的控制，并尽可能地节约研发、服务、促销、广告等方面的费用。为了达到上述目标，企业管理层必须给予成本管理足够的重视。尽管提高产品质量、优化服务等也是企业参与竞争的重要手段，但本战略的核心是确保企业的总成本低于竞争对手，"总成本低于竞争对手"意味着当别的企业在竞争中失去利润时本企业依然可以获利。

赢得总成本最低的有利地位通常要求企业具备较高的相对市场份额或其他优势。例如，企业与原材料供应商建立了牢靠的关系，产品的设计便于制造、生产，企业保持相对较宽的产品线从而可以分散固定成本，企业能大批量生产、供货（服务于大量客户群），等等。

总成本领先将使企业获得很强的竞争力，一旦企业赢得了这样的优势地位（总成本领先的地位），其所获得的较高的边际利润可以使其重新对企业的设备、设施进行投资以进一步巩固自己在总成本上的领先优势——这种再投资往往也是企业保持总成本领先状态的先决条件。

（二）差异化战略

差异化战略是指使企业提供的产品或服务实现差异化，建立起本企业在行业中独有的一些东西。差异化战略有多种实施方式，如树立品牌形象、拥有独特的技术、产品具有独特的性能、提供特别的客户服务、拥有专门的业务网络等。最理想的情况是，企业在几个方面都具有"差异化"的特征。例如，卡特彼勒（Caterpillar）不仅以其业务网络和优良的零配件供应服务著称于世，而且以提供优质耐用的产品享有盛誉。

一旦差异化战略获得成功，它将成为企业在一个行业中获得较高利润水平的积极战略，因为它能建立起"防御阵地"来对付五种竞争力量。但是，波特认为，推行差异化战略有时会与争取更大的市场份额这一目标相矛盾，推行差异化战略的企业应该对这一战略的排他性有一定的思想准备。企业实施差异化战略与争取更大的市场份额往往不能兼顾，实施差异化战略往往需要企业付出沉重的代价，有时，即便该行业的所有客户都了解本企业的独特优势，也并不意味着所有客户都愿意或有能力支付本企业要求的高价。

（三）专一化战略

专一化战略要求企业针对某个特定的客户群、某条产品线的一小段或某一区域性市场提供产品和服务。企业采用这一战略的前提是，企业业务的专一化能以较高的效率、更好的效果为某一狭窄的战略对象（细分市场）服务，从而获得竞争对手不具备的优势。

例如，劳斯莱斯以超豪华的设计、精湛的工艺、独特的享受为一个极其狭窄的"缝隙市场"提供产品和服务，是采用专一化战略的典型企业。

二、波特的成本优势观念

（一）成本优势是一切竞争战略的基础

在波特的观念中，"成本优势是一切竞争战略的基础，不论采取何种战略，都离不开成本控制。一个企业的成本优势，是由其价值链的构成及质量决定的。要构造成本优势，企业就需要从价值链的视角进行全面成本管理"。自20世纪中期以来，战略管理就一直是企业，尤其是大型跨国公司关注的重点。所谓战略管理，是指着眼于对企业发展有长期性、根本性影响的问题进行决策和政策制定，以便取得竞争优势，确保目标的有效实现。战略管理思想对成本控制的影响主要体现在战略成本管理方面。战略成本管理是指从战略的高度考虑成本问题。具体而言，当企业生产与竞争对手同质的产品或服务时，其产品成本必须低于竞争对手，使客户能以较小的代价，获得同样功能的产品或享受到同等品质的服务。

在波特的理论中，成本始终是一个备受瞩目的议题，原因在于成本优势在竞争战略中处于基础性地位。企业要保持竞争优势，就必须首先获得优势的成本地位。按照波特的观点，企业的成本地位取决于其价值活动的成本行为，其价值活动的成本行为则取决于影响成本的一些结构性因素，而成本驱动因素。若干个成本驱动因素可以结合起来决定一种既定活动的成本。

在企业的三种基本竞争战略中，处于第一位的是总成本领先战略。该战略在20世纪70年代由于经验曲线概念的流行而得到日益普遍的应用，那就是通过采用一系列针对本战略的具体政策在产业中赢得总成本领先。总成本领先战略要求企业积极地建立起达到有效规模的生产设施，在经验的基础上全力以赴地降低管理成本，以及最大限度地减少研究开发、服务、推销、广告等方面的成本。为了达到这些目标，企业必须在管理方面对成本控制给予高度重视。贯穿于整个战略的主题是使总成本低于竞争对手。

波特在《竞争优势》一书中对成本优势进行了深刻的讨论。按照波特的观点，尽管管理者们认识到了成本的重要性，并在许多战略计划中都把成本领先或成本削减作为目标，但其成本控制行为很少被人们充分理解。因此，他着重对成本控制行为进行分析，提出了成本驱动因素理论，并将成本分析与价值链相联系，使得关于成本优势的讨论有了全新的意义。波特提出的企业获取成本优势的方法有两种：控制成本驱动因素和重构价值链。这与他早期在有关总成本领先战略的讨论中所提出的方法有了本质上的不同。

（二）两个新的成本概念

根据以上观念，我们可以得到两个新的成本概念，即战略成本和价值链成本，并形成与之相关的管理控制思想和方法体系。

1. 战略成本

战略成本是从总体战略角度观察的成本。战略成本管理包括两个层面的内容：一是从成本角度分析、选择和优化企业战略，二是实施成本控制战略。

前者是战略中的成本侧面，后者是在前者基础上为了提高成本管理的有效性而对成本管理制度、方法和措施等所进行的谋划。

总成本领先战略实质上是以成本战略作为企业的基本竞争战略。如何利用成本战略为企业赢得成本优势和竞争优势，既是企业战略管理的重要内容，也是企业战略成本管理的重要组成部分。

与战略成本管理相关的一个重要问题是成本控制战略的实施。成本控制战略以成本管理过程为核心，强调成本控制措施的构造与选择。其重点在于构造一个基础宽泛、具有长效性的降低成本的措施体系，以期在此基础上，通过一系列成本管理方法的应用，为企业获得成本优势提供保障。

2. 价值链成本

价值链成本是一种以作业为基础的系统化成本概念。波特在《竞争优势》中将价值链概括为特定产业中企业各种活动的组合，包括设计、供应、生产、营销、交货以及对产品起辅助作用的各种价值活动。价值链成本的核心意义是以价值链分析为基础，将成本费用分配到构成价值链的各个环节中所包含的各种作业中，从而获得基于价值链基础的总体上的成本控制效果。价值链成本分析确定了在企业价值链的各个环节中，客户价值可以在哪个环节得到提高，或者成本可以在哪个环节得到降低，从而使传统的成本分析得到了有效的延伸。

三、战略成本管理的三大工具

战略成本管理一般包括三个方面：价值链分析、战略定位分析、成本动因分析。

（一）价值链分析

价值链分析是一种战略性的分析工具，企业通过价值链分析可以从多方面揭示有关企业竞争力的成本信息，这些成本信息对于企业制定战略以消除成本劣势和创造成本优势有着非常重要的作用。

波特指出，价值链是战略成本分析的主要分析工具，可用于确定设计、生产、营销、发货及产品或服务的支持过程中的各项独立的活动、功能和业务流程。

价值链分析将基本的原材料到最终用户之间的价值链分解成与战略相关的活动，以便企业理解成本的性质和差异产生的原因，因此，价值链分析是企业确定竞争对手成本的工具，也是企业制定竞争策略的基础。

价值链分析可以划分为内部价值链分析、纵向价值链分析和横向价值链分析。这三类价值链分析既相互独立，又相互联系、相互作用，构成一个有机整体，是进行战略成本管理的有效分析方法。

1. 内部价值链分析

这是企业进行价值链分析的起点。企业内部可被分解为许多单元价值链，产品在单元价值链上的转移意味着价值的逐步积累与转移。每个单元价值链都会消耗成本并产生价值，而且它们有广泛的联系，如生产作业和内部后勤的联系、质量控制与售后服务的联系、基本生产与维修活动的联系等。企业深入分析这些联系可减少那些不增加价值的作业，并通过协调和最优化两种策略的融洽配合，提高运作效率、降低成本，同时也能为纵向价值链分析和横向价值链分析奠定基础。

2. 纵向价值链分析

纵向价值链分析反映了企业与供应商、销售商之间的相互依存关系，这为企业增强其竞争优势提供了机会。企业通过分析上游企业的产品或服务的特点及其与本企业价值链的连接点，往往可以十分显著地降低自身成本，甚至使企业与其上下游企业共同降低成本，提高相关企业的整体竞争优势。例如，施乐公司向供应商提供其生产进度表，使供应商能将生产所需的元器件及时运过来，同时降低了双方的库存成本。在对各类联系进行分析的基础上，企业可求出各作业活动的成本、收入及资产报酬率等，从而看出哪一活动较具竞争力、哪一活动价值较低，由此再决定往其上游或下游并购的策略或将自身价值链中一些价值较低的作业活动出售或实行外包，逐步调整企业在行业价值链中的位置及其影响范围，从而实现价值链的重构，从根本上改变企业的成本地位，提高企业竞争力。

3. 横向价值链分析

横向价值链分析是企业确定竞争对手成本的基本工具，也是企业进行战略定位的基础。

企业通过对竞争对手进行成本测算，在面对不同成本的竞争对手时可采用不同的竞争方式，例如，面对成本较高但实力雄厚的竞争对手时，可采用低成本策略，扬长避短，争取成本优势；面对成本较低的竞争对手时，可运用差异化战略，注重提高质量，以优质产品或服务吸引客户，而非盲目地进行价格战，使自身在面临成本较低的竞争对手的挑战时，仍能立于不败之地，保持自己的竞争优势。

（二）战略定位分析

战略定位分析指企业在正确的战略定位（战略选择）的前提下，根据企业战略的要求，采取与之相应的成本管理方法，为企业战略的实施服务，以实现企业的战略目标和扩大企业的竞争优势。战略定位分析的基本内容是基本竞争战略的定位分析。

所谓基本竞争战略，就是指无论任何行业的任何企业一般都能采用的竞争战略，如波特提出的总成本领先战略、差异化战略和专一化战略。

（三）成本动因分析

成本动因是指成本产生的原因。成本动因分析的核心在于合理地确定成本动因，并以之为基础分配各种费用，直接体现产品的实际成本。成本动因是成本的驱动因素，有两方面的含义：一是质的概念，即成本受什么方面因素的驱动；二是量的概念，即某产品成本占用多少作业，作业会导致资源的消耗，消耗则被记录为成本。

价值链分析、战略定位分析和成本动因分析是战略成本管理中的三种主要分析方法，也是战略成本管理的三种工具。

第二章

建立全面成本管理体系

全面成本管理体系是以成本管理的科学性为依据，建立由全员参与、包含企业管理全过程的、全面的成本管理体系，并汇集全员智慧，发挥全员主动性，让全体员工自主改善，不断降低成本，使经营层与各部门员工具有降低成本的一致性，谋求在最低成本状态下进行生产管理与组织运作。

第一节　全过程——生命周期成本

一、生命周期成本基本概念

生命周期成本（Life Cycle Cost，LCC）也被称为寿命周期费用。它是指产品在有效使用期间所发生的与该产品有关的所有成本，包括产品设计成本、制造成本、采购成本、使用成本、维修保养成本、废弃处置成本等。产品生命周期成本如图2-1所示。

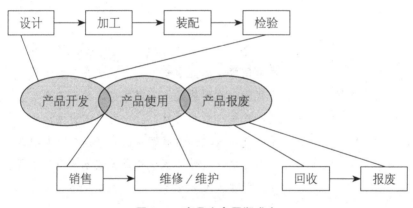

图2-1　产品生命周期成本

二、产品生命周期成本的构成

产品生命周期分为四个阶段，即产品研发设计阶段、产品生产阶段、产品营销阶段和产品使用维护阶段。

以产品生命周期为基础，按照成本细分结构模式，产品生命周期成本可分为研发设计成本、社会责任成本、产品营销成本、废弃处置成本，如图2-2所示。

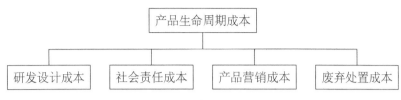

图 2-2　产品生命周期成本的构成

产品生命周期成本在不同阶段的具体构成要素如下。

（1）产品研发设计阶段。此阶段的成本包括企业研究开发新产品、新技术、新工艺所产生的新产品设计费、工艺规程制定费、设备调试费、原材料和半成品试验费等。

（2）产品生产阶段。此阶段的成本包括企业在生产采购过程中所产生的料、工、费及由此引发的环境成本等社会责任成本。

（3）产品营销阶段。一种产品是逐步进入市场、逐步被人们认识和接受的，产品营销成本包括在此过程中产生的产品试销费、广告费等。

（4）产品使用维护阶段。此阶段的成本包括产品的使用成本和维护成本。此外，还包括因产品报废而产生的处置成本。

总而言之，产品生命周期成本的构成要素如图 2-3 所示。

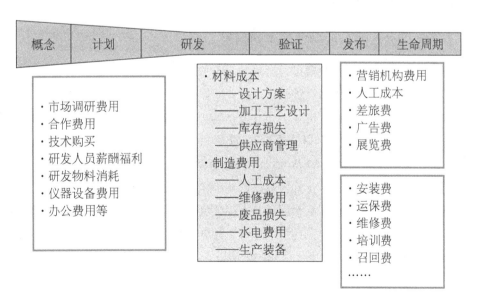

图 2-3　产品生命周期成本的构成要素

三、产品阶段降低成本的措施

（一）产品研发设计阶段降低成本的措施

产品研发设计是生产、销售的源头，此阶段的成本控制应重在成本的避免。企业可以引进目标成本管理的思想。目标成本是指在新产品的研发设计过程中为实现目标利润而必须达到的成本值，目标成本 = 目标售价 – 目标利润。在产品研发设计阶段，管理者应进行市场预测、可行性研究，制定出目标售价，然后根据确定的目标利润倒推出目标成本。客观上存在的研发设计压力，会迫使研发人员使用合理的方法有效控制成本。

此外，企业还可引入技术和经济相结合的价值工程法，从分析客户需求的功能出发，研究如何降低成本，从而获得最大经济效益。产品价值是产品的功能和成本的综合反映。企业主要可通过以下两种方法提高产品价值。

（1）维持产品的功能不变、降低成本。

（2）维持产品的成本不变、增加功能。

最后，企业还应努力避免在产品研发设计阶段存在的一些误区，如只关注表面成本，忽略隐含成本；急于研发新产品，忽略原产品替代功能的再设计等。企业应将上述措施有机结合起来，以求在研发设计阶段赢得成本优势。

（二）产品生产阶段降低成本的措施

在产品生产阶段，企业要推行全员、全方位、全过程的成本管理，即用整体的观念通盘筹划，以求整体的最优管理。在此阶段，企业可以采用适时生产系统，即一种由后向前拉动式的生产程序。企业要以客户的需求为出发点，由后向前进行逐步推移，全面安排生产任务。这要求企业在供、产、销等各个环节尽可能实现"零存货"，从而优化各个环节的等待、运送和储存过程，大大缩短时间，节约成本。企业还可进行作业管理。作业管理是以作业为核心，以作业成本计算为中心，以产品设计、适时生产和全面质量管理等基本环节为重点，由成本分配过程和作业分析过程有机组合而成的全新的企业管理方法。此外，企业还可以通过不断改进和优化企业的作业链来不断改进和优化企业的价值链，以促进企业经营目标的顺利达成。

（三）产品营销阶段降低成本的措施

目前市场上流通的同类产品的性能、质量相差无几，除了利用价格优势吸引客户外，采用新形势下推陈出新的营销手段也是企业提高销量、增加利润的有效方法，如采用个性化的广告设计、包装、促销手段等。

为降低产品营销阶段的成本，企业可以进行供应链管理。供应链管理是基于最终客户需求，对围绕提供某种共同产品或服务的相关企业的信息资源，以基于互联网技术的软件产品为工具进行管理，从而实现整个渠道或商业流程优化的过程。

（四）产品使用维护阶段降低成本的措施

在这一阶段，企业要努力降低由于质量问题而造成的各种损失，要减少索赔违约损失、降价处理损失，以及对废品、次品进行包修、包退、包换而产生的客户服务成本等。

此外，企业还应对提高客户满意度而支出的大量维护成本进行有效管理，在提高产品质量的基础上降低维护成本，并建立有效的信息反馈机制，保证客户需求得到及时满足。

第二节　全员——目标成本管理

目标成本管理是全员参与、以管理目标为导向、对企业生产经营全过程实施全方位控制与优化的成本管理体系。其突出特点是全员参与目标管理，要求企业全体员工都投身到企业成本目标的制定、分解、监督、执行和评估中，形成系统优化和持续改善的成本管理机制，以提升企业的成本管理水平和成本竞争优势。

一、目标成本管理

（一）何谓目标成本

目标成本是企业在成本预测的基础上制定的未来应达到的成本水平，是企业在成本管理上的奋斗目标。企业确定目标成本的意义如下。

（1）有利于有效利用人力、物力、财力，提高企业的管理水平。

（2）有利于为成本控制提供前提条件。

（3）有利于有效进行成本的分析比较。

（4）有利于实行例外管理。

（二）何谓目标成本管理

目标成本管理是在企业预算、成本预测、成本决策、测定目标成本的基础上，根据企业的经营目标，进行目标成本的分解、控制分析、考核、评价的一系列成本管理工作。

目标成本管理是企业成本管理的重要内容，其重要性如图 2-4 所示。

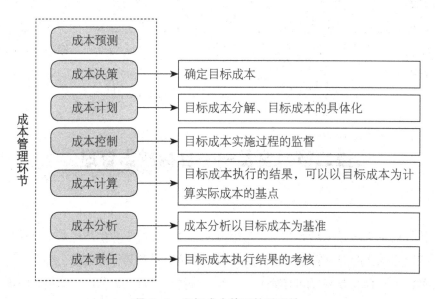

图 2-4　目标成本管理的重要性

二、目标成本管理的原则

（一）以市场价格为引导

目标成本管理体系通过竞争性的市场价格减去期望利润来确定目标成本，价格通常由市场上的竞争情况决定，而目标利润则由企业及其所在行业的财务状况决定。

（二）关注客户

企业在产品及流程设计决策中应同时考虑客户对质量、成本、时间的要求，并以此为引导开展目标成本管理。

（三）关注产品研发设计

企业应在产品研发设计阶段投入更多的时间，消除那些成本高而又费时的暂时不必要的改动，以缩短将产品投放到市场上的时间。

（四）跨职能合作

目标成本管理体系下，产品与流程团队由来自各个职能部门的成员组成，包括研发设计部门、生产部门、销售部门、采购部门、成本会计部门等。所有跨职能团队都要对产品负责，而不仅仅是各司其职。

企业在开展全员目标成本管理活动时，需要按照员工的岗位责任和职责，设计出相应的成本目标。企业在进行全员目标成本管理的过程中，首先要划分成本控制实体，应根据企业生产工艺的特点和职能部门、各类人员的职权范围，在企业内部划分出若干不同层次的责任实体，形成一个纵横相交的控制体系。

（五）削减生命周期成本

目标成本管理关注产品整个生命周期的成本，包括购买价格、使用成本、维护与修理成本和处置成本。它的目标是使生产者和联合双方的产品生命周期成本最小化。

（六）价值链成员的参与

目标成本管理过程有赖于价值链上全部成员的参与，包括供应商、批发商、零售商和服务提供商等。

三、目标成本管理的关键措施

目标成本管理是目标管理和成本管理的结合。企业进行目标成本管理的关键措施如下。

（一）进行目标成本预测

目标成本预测是指根据有关的资料，运用一定的方法，对将来不同情况下可能发生的成本及成本的变化发展趋势进行测算。有效的目标成本预测可以为目标成本决策、目标成本计划和目标成本控制提供及时、有效的信息，避免决策、计划和控制中的主观性、盲目性和片面性。

（二）进行目标成本决策

目标成本决策是指在目标成本预测的基础上，结合相关资料，综合运用定性和定量方法，决定最优成本效益方案。企业在经营活动过程中要进行各种决策，如建厂、改建、扩建、技改的决策，新产品设计决策，合理下料方案的决策，自制或外购零件的决策，经济采购批量的决策，薄利多销的决策，等等。

（三）制定目标成本

目标成本的制定要遵循"先进性、科学性、严肃性、通俗性、可行性"的原则，制定科学合理的目标成本是成本控制的前提和基础，也是目标成本管理贯彻实施的关键。

在目标成本预测与决策的基础上，企业要通过一定的程序，运用一定的方法，以货币形式对计划期内产品的生产耗费和各种产品的成本水平设定标准，并以书面文件的形式确定下来，作为目标成本执行和检查考核的依据，即制订目标成本计划。通过制订目标成本计划，企业可以在降低产品成本方面提出明确的目标，推动自身加强目标成本管理，明确成本责任，挖掘员工潜力。

（四）建立各级成本责任中心

为实行行之有效的目标成本管理，企业要明确划分和建立各级责任中心，以分清各个部门的职能，正确评价其业绩，从而为目标成本计划的贯彻落实提供组织保证。

（五）分解目标成本

为明确责任，使目标成本成为各级奋斗的目标，在确定目标成本后，企业应对其进行自上而下的逐级分解。企业在分解目标成本时要贯彻可控性原则，凡上级可控而下级不可控的成本，由上级控制，不再向下分解，同级之间谁拥有控制权就分解给谁。

（六）组织实施

目标既定，上级人员就应放手把权力交给下级成员，而自己去抓重点的综合性管理。完成目标主要靠执行者的自我控制，上级的管理应主要表现在指导、协助、提出问题、提供信息和创造良好的工作环境等方面。

（七）进行目标成本核算

企业要根据产品成本对象，采用相应的成本计算方法，对生产成本进行汇集与分配，计算出各种产品的实际总成本、实际单位成本和责任成本，这个过程即称为目标成本核算。目标成本核算既是对产品的实际费用进行如实反映的过程，也是对各责任部门的各种费用进行控制的过程。

（八）进行目标成本分析

企业要以核算后的目标成本及其他有关资料为基础，运用一定的方法，揭示目标成本水平的变动，通过对影响目标成本水平变动的各种因素及应负责任的部门和个人的研究分析，提出积极的建议，以进一步降低产品成本。

（九）进行目标成本监督和检查

企业要加强对目标成本的监督，通过检查企业目标执行的各项工作，找出问题，明确责任，从而保证成本制度和财经纪律的贯彻执行，改进目标成本管理。目标成本检查的内容一般包括：检查企业目标成本管理责任制的建立和执行是否合理、有效，检查目标成本管理的基础工作是否健全和完善，检查目标成本核算方法和程序是否真实、数据是否可靠，等等。

（十）进行目标成本考核

企业应定期对目标成本计划及其有关指标的实际完成情况进行总结和评价，这样可以鼓励先进，鞭策后进，监督和促使自身加强成本管理，履行成本管理责任，提高目标成本管理水平。目标成本考核大多是在企业内部车间、部门、班组、个人之间进行的。

·····【范本1】▶▶▶···

某集团目标成本考核管理办法

1. 总则

为了加强目标成本管理，降低各种损耗，合理控制产品成本，提高经营效益，特制定本办法。

2. 范围

2.1 目标成本考核的部门对象为生产部、设备动力部。

2.2 目标成本考核的范围为产品原料消耗降本（包括生产部的半成品原料消耗降本、产成品折百原料消耗降本和设备动力部的能耗降低程度和修旧利废水平）、包装物降本、存货资金降低、利息降本等。

2.3 公司层面不再把产品收得率列为考核指标，但可作为目标成本检查的一个重要指标。

2.4 新产品中试的原料消耗支出允许单独计算，不列入本考核范围。

3. 职责

3.1 财务部：负责制定产品原料成本考核基准，制定生产部在产品、半成品和产成品占用资金定额，复核各种消耗和降本额计算过程明细表单及奖金分配方案。

3.2 技术部：负责当产品生产工艺与设备进行较大技术改造后，调整、确定新的原料消耗考核基准；审核各种消耗和降本额计算过程明细表单及奖金分配方案。

3.3 事业部经理：负责审核各种消耗和降本额计算过程明细表单及奖金分配方案。

3.4 总经理：负责批准降本奖金分配方案。

4. 各类降本考核办法

4.1 产品原料消耗降本（包括生产部的半成品原料消耗降本、产成品折百原料消耗降本及设备动力部的能耗降低程度和修旧利废水平）。

4.1.1 产品原料消耗考核基准：各产品原料消耗以 2021 年 9—11 月的平均值为基准制定，原料、包装桶的不变价格原则上按 2021 年 11 月的不含税价格制定。

4.1.2 原料消耗降本额 =Σ（各产品基准原料消耗 − 各产品实际原料消耗）× 原料不变价格。

4.1.3 当产品生产工艺与设备进行较大技术改造后，该产品的原料消耗考核基准做相应的调整，新的原料消耗考核基准由技术部提出，在技改生产正常后按新的原料消耗考核基准考核。

4.1.4 调整后的原料消耗考核基准可用于计算技术部、事业部的降本额，计算公式：降本额＝（准原料消耗－该产品的新原料消耗考核基准）×当月该产品产量。

4.2 包装物降本。

4.2.1 回用旧包装桶的降本额＝回用旧包装桶数量×新包装桶×10%。

4.3 存货资金降低与利息降本。

4.3.1 生产部在产品、半成品和产成品占用资金定额由财务部制定，经集团讨论确定后，作为生产部绩效目标，按月进行考核。

4.3.2 存货资金降低与利息降本额＝（生产部月末在产品、半成品和产成品实际占用资金－在产品、半成品和产成品占用资金定额）×0.5875%。

4.4 降本奖励。

4.4.1 生产部各类降本额按上述计算方法分月核算，每月降本奖励金额＝降本额×2%。

4.4.2 每月7日前生产部将上月各种消耗和降本额计算过程明细表单、《月度降本考核评价表》、降本奖金分配方案报技术部和事业部经理审核、财务部经理复核、总经理批准后，在当月工资中兑现。

4.4.3 月度降本考核奖励兑现后，年底事业部降本考核中，奖励不重复计算。

4.4.4 设备动力部降本超计划奖＝降本超计划金额×2%×部门当年绩效最终得分。降本超计划奖在部门内部进行分配，由部门负责人提出降本超计划奖的分配方案，报财务部审核、总经理批准后造册发放。原则上，以奖励为公司降本做出较大贡献的骨干为主。

5. 建立考核细则

5.1 生产部要以降低原料成本、包装成本为核心，兼顾各种消耗和降低资金占用，结合自身实际，建立相应的考核细则，分解落实到各生产班组，相关考核细则报人力资源部备案。

5.2 生产部各加工组损耗考核办法由事业部自行制定，报公司财务部审核、总经理批准后执行，同时报人力资源部备案，考核结果可以作为生产部月度降本奖励金额发放依据。

6. 表单

《月度降本考核评价表》。

7. 附则

7.1 本办法由财务部、人力资源部共同制定，并负责解释。

7.2 本办法自 2022 年 1 月 1 日起实施，原《成本考核实施办法》同时废止。

·····【范本2】▸▸▸·····─────────────────────────

生产部成本绩效考核办法

1. 目的

为更好地完成 20×× 年度成本管控目标，特制定本成本绩效考核办法。

2. 适用范围

适用于本公司生产部的成本管控。

3. 管理规定

3.1 成本管控目标的测算

3.1.1 根据《生产运行作业计划》《系统大中修及单体设备大修计划》和《辅料考核办法》和制造费用实际完成情况，确定成本管控目标。

3.1.2 成本绩效考核包括直接材料成本考核、燃动力成本考核、辅助材料成本考核、直接人工成本考核。因对消耗的计量不够精确，下列成本暂不纳入考核。

（1）直接材料成本中的一次水、脱盐水、除氧水成本和压缩空气、氮气成本。

（2）燃动力成本中的蒸汽成本。

（3）制造费用中的折旧费、安全环保措施费、设备检测费、设备保险费等固定费用。

3.1.3 成本绩效考核中的价格，按照考核月度实际结算的不含税价格进行核算，这样考核成本将随市场价格的变化浮动，更能体现目标成本考核的公平、公正。

3.1.4 成本绩效考核中，若直接人工费用、临时工费用、机械车辆费用、化验费用等制造经费在生产作业计划中没有明确指标，将依据 20×× 年全年统计数据并结合实际价格变化情况，适当进行调整后确定。

3.2 成本绩效考核

3.2.1 按照 10% 的考核比例，对各车间目标成本涨降额进行考核。

成本绩效考核 =（目标成本 − 完成成本）×10%

3.2.2 按照车间 50%，公司职能管理部门和辅助生产车间 50% 的比例，分配成本绩效考核奖罚。

成本绩效车间奖罚 =（目标成本 – 完成成本）×10%×50%

成本绩效职能管理部门和辅助生产车间奖罚 = ∑ 各职能管理部门和辅助生产车间（目标成本 – 完成成本）×10%×50%

3.2.3 车间主任按照分配比例，并参照各位管理人员实现的成本涨降额，分配成本绩效车间奖罚。成本绩效车间奖罚报计划运营部和综合部备案后，纳入工资中结算。

3.2.4 公司按照各职能部门分管成本项的涨降额，按比例对各职能部门进行奖罚。

职能部门单项奖罚 =（单项目标成本 – 单项完成成本）×10%×50%× 奖罚比例

（1）直接材料成本、燃动力成本由计划运营部负责管控，奖罚部分的 30% 分配给计划运营部，剩余 70% 分配给公司领导、子公司领导、后前勤管理部门及辅助生产车间。

（2）直接人工成本由综合部进行管控，奖罚部分的 20% 分配给计划运营部，10% 分配给人资部，剩余 60% 分配给公司领导、子公司领导、后前勤管理部门及辅助生产车间。

（3）制造费用中，辅料消耗、维修经费由设备管理部进行管控，奖罚部分的 20% 分配给设备管理部，10% 分配给计划运营部，剩余 60% 分配给公司领导、子公司领导、后前勤管理部门及辅助生产车间。

（4）机械车辆使用、临时用工费用由计划运营部负责管控，奖罚部分的 30% 分配给设备管理部，剩余 70% 分配给公司领导、子公司领导、后前勤管理部门及辅助生产车间。

（5）吊车费用由工程设备部负责管控，奖罚部分的 30% 分配给工程设备部，剩余 70% 分配给公司领导、子公司领导、后前勤管理部门及辅助生产车间。

（6）劳保用品由安全部负责管控，奖罚部分的 30% 分配给安全部，剩余 70% 分配给公司领导、子公司领导、后前勤管理部门及辅助生产车间。

部长按照分配比例，并参照各位部门管理人员实现的成本涨降额，分配成本绩效考核奖罚，报综合部备案后，纳入工资中结算。划给公司的部分，由综合部按照分配比例，分别分配给公司领导、子公司领导、后前勤管理部门及辅助生产车间。

3.2.5 涉及成本的其他考核。

（1）因产品质量检测由质检部全面负责，质量检测成本的具体考核办法由质检部负责制定。

（2）若备件采购和工程基建成本降低，相关部门应以情况汇报的方式逐级上报公司，公司将按照总成本降低额的1%~3%的比例进行奖励。

（3）因技术改造、节能管理、利用国家相关政策等原因实现的成本降低，由所在部门以情况汇报的方式逐级上报公司，公司将按照总成本降低额的1%~3%的比例进行奖励。

（4）月度开工率不足60%或有效时平均生产负荷不足60%的车间，成本涨降额不纳入绩效考核，其他停、限、减产因素均不予考虑。

3.3 成本绩效考核奖罚的分配

3.3.1 生产车间成本绩效考核奖罚的分配范围：车间班长及以上管理人员纳入成本绩效考核奖罚分配。分配比例如下：主任为5%，副主任为3%，设备管理员为1.5%，安环员为1.5%，维修班长为1%，白班班长为1%，工艺班长为1%。

3.3.2 公司及职能部门成本绩效考核奖罚分配范围：公司领导、中层管理人员、部门科员纳入成本绩效考核奖罚分配。分配比例如下：公司级领导为8%，总监级领导为6%，部长为5%，副部长为3%，助理级（含调度员）为2%；科员分为三个级别，一类科员为1.5%，二类科员为1%，三类科员为0.5%。详见人员统计表。

3.3.3 部门内部应依据分工制定单项奖罚标准，报公司批准后执行，每月奖罚分配报计划运营部和综合部备案。

3.3.4 各车间、部门有权依据实际情况对成本绩效考核奖罚分配比例进行调整，但必须遵守公平、公正的原则，禁止在成本绩效考核奖罚分配中徇私舞弊、中饱私囊。

3.4 成本绩效考核实施

3.4.1 成本绩效考核由计划运营部负责实施，由综合部负责监督。

3.4.2 成本绩效考核奖罚按月兑现，因考核时参照的是实际市场价格，为了保证数据的真实性，因此考核奖罚的兑现延后一个月，即本月兑现上月成本绩效考核奖罚。

3.4.3 对于成本绩效考核中的指标数据，公司应依据运行情况，每季度进行一次修订，主要是指在公司级技术改造完成，经调试运行正常后，对相关的指标进行调整。

3.4.4 成本绩效考核指标详见《各车间成本绩效考核表》。

第三节 成本管理信息化

在经济全球化形势下，企业间的竞争越来越激烈，如何控制好企业成本尤为重要。信息化作为先进的管理技术与现代信息技术结合的产物，将企业的物流、资金流、信息流高度有效地集成在了一起，为成本管理提供了高效的数据收集、处理和传递平台，以支撑成本预测、决策、控制、考核等关键环节的开展。

因此，现代企业必须全面加速推进信息化工作进程，发挥信息化在成本管理中的重要作用，实现对成本的动态管理，从而提高企业市场竞争能力和持续盈利能力。

一、传统成本管理的缺陷

在传统模式下，企业的成本数据与业务无法集成，尤其是在成本的综合分析、预测和控制等方面受到一定限制，不能实现成本管理的准确性和快捷性，具体如图2-5所示。

成本数据核算不准确	成本核算滞后	现场成本管理不到位
成本数据核算主要依赖人工，可能存在人为原因造成的费用分摊不科学、产品成本核算不准确的情况，导致产品成本虚高或虚低。传统核算模式下，标准成本的核定完全由人工进行，与生产工艺参数结合不紧密，缺乏全线成本信息，因此科学性、动态性较差	由于缺乏实时的成本信息，成本核算周期长，成本核算分析不及时，企业不能及时获得经营决策信息，难以应对瞬息万变的市场形势	传统成本管理模式下，企业无法将一线生产信息与成本数据有效结合，无法实施有效的现场成本管理，对作业区、班组等基层组织的成本管理职能相对弱化

图2-5 传统成本管理的缺陷

上述种种缺陷都会使企业增加成本。

二、成本管理信息化的益处

企业实现成本管理信息化有以下益处。

（一）实现数据的信息化

长久以来，成本数据的归集都依靠手工操作进行，部门之间成本数据的交互依靠纸介媒质进行，成本数据的统计、查询、分析难度大，而成本管理信息化使企业可以方便地进行某一方面的成本数据的归集、分析、查询。成本管理系统将各种与成本相关的数据以一定的数据格式录入计算机，并以数字的形式保存起来，相关部门和人员可以随时进行成本的归集、查询、分析。此外，各相关部门的成本数据能通过成本管理系统实现共享，从而实现数据的信息化。

（二）实现流程的规范化

目前，成本管理工作中普遍存在的现象是操作流程不规范，造成了成本浪费的隐患、成本管理的低效及管理漏洞。成本管理信息化作为一种管理手段，可以将企业已经规范的一些科学的成本管理流程以软件程序的方式固化下来，使得相关流程中员工的工作更加规范高效，减少人为控制和非科学决策，同时堵住了管理漏洞。

（三）实现决策的科学化

传统的成本管理手段缺乏对成本对象的定量分析，使得决策往往依靠管理者的个人经验。而且管理者要等每个月的报表出来后才知道哪个环节的成本超了、哪个环节的成本省了，若此时才决策，为时已晚，而这种凭经验决策及事后决策的方法与市场经济的发展是极其不相适应的，企业根本无法控制成本。

成本管理信息化后，通过对原始成本数据进行科学的加工处理，并运用一定的计算模型，企业能实现成本管理的事前计划、事中控制、事后分析等全过程的定性、定量分析，更重要的是通过这些定性、定量分析，管理者对成本过程控制中的薄弱环节能做到心中有数，及早应对。此外，信息化的成本管理系统可实时动态地进行成本数据的归集、查询，从而真正起到对成本管理进行科学决策的支持作用，从某种意义上来说，成本管理信息化是成本管理的决策支持系统，可以辅助管理者进行科学决策。

（四）实现准确、实时的成本核算

成本管理信息化从根本上消除了各业务部门间的"隔离"状态，财务部门不但能了解成本产生的全部过程，而且伴随着各相关业务部门的每一个作业，财务部门都能做出相应的反应。例如，材料部门在记录一笔材料出库、退库的同时，财务部门也得到了这个信息，并将相应的材料费用计入实际成本；经营部门每结算一笔款项，财务部门就记录相应的应付账款，等等。正是这种成本数据信息的通畅、透明，使成本的准确、实时核算成为可能。

三、成本管理信息化的关键环节

企业应发挥信息化在成本管理中的重要作用，抓住成本管理信息化的关键环节，建立长效机制，持续改善和推进成本管理信息化工作。

（一）建立和完善标准成本体系

企业在进行成本管理信息化的过程中，应该建立和完善标准成本体系。企业在建立和完善标准成本体系时，要注意将生产目标与生产实际有机结合起来，依据企业工艺技术规范、生产操作规程、历史消耗数据、实测数据、经营管理水平等因素，对各成本中心及产品制定合理的数量标准，再将数量标准价值化。

（二）设定合理的分摊比例

成本管理信息化系统中，公共费用通过分摊或分配方式计入相应受益的生产性成本中心，从而确保费用最终归集到生产订单上，因此分摊比例的合理性将直接影响成本核算的准确性。企业应根据生产性成本中心的受益情况，制定合理的分摊比例，月结时系统自动将公共费用按比例分摊到各生产性成本中心。

（三）建立成本管理系统

成本管理系统的功能包括成本基础数据管理、成本核算和成本统计分析。

1. 成本基础数据管理

要建立成本管理系统，首先必须具备大量详细、准确的基础数据，这些基础数据包括物料清单、工艺路线和工时定额等。成本管理系统有成本基础数据管理的功能，可以进行产品成本的计算。成本管理系统必须提供金融和非金融数据，以支持企业的战略决策。

2. 成本核算

成本核算过程中发生的费用，一部分会被直接计入产品成本，另一部分会通过归集和分配程序，逐步汇总到产品成本中。企业通过成本管理系统核算成本时，要将产品划分为完工产品和未完工产品。完工产品的成本从产品成本账户中转出，进入销售成本账户，以计算销售利润。成本管理系统归集的费用包括生产过程中发生的各项费用，如材料消耗、人员工资、二级库存盘点亏盈、废品损失、制造费用等。

3. 成本统计分析

成本统计分析功能常用于评价企业成本定额的执行情况，揭示企业成本升降的原因，帮助企业找出降低成本的有效途径。成本统计分析包括成本报表、成本定额执行情况分析、成本指标分析等内容，如图2-6所示。

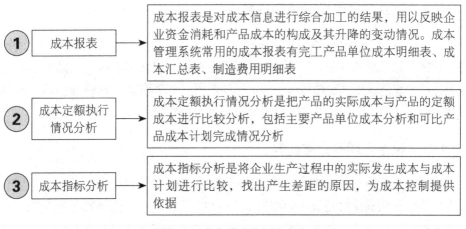

图2-6 成本统计分析的内容

（四）加强业务监控考核

对制造企业来说，信息化模式下大量成本信息由业务集成产生，如成本中心的物料消耗由业务部门发料过账自动形成；设备的日常检修费用在费用确认时会自动匹配到相应受益的成本中心；系统在月结时会自动计算订单差异、运行物料账时会自动进行物料实际成本还原。因此，规范业务操作是保证成本信息准确无误的前提条件。

要规范业务操作，最直接的方法就是加强业务监控考核和强化企业人员的系统知识。因此，企业应该成立专门的业务监控机构，制定信息化工作考核制度，对业务操作的规范性进行严格监督考核，及时发现和处理系统问题，确保成本信息的有效性。

四、有助于降本提效的 ERP 系统

（一）何谓 ERP 系统

企业资源计划（Enterprise Resource Planning，ERP）是一种主要面向制造行业进行物质资源、资金资源和信息资源集成管理的企业信息管理系统。它也是一种以计划为导向的先进生产、管理方法。首先，企业确定一个总的生产计划，再经过系统层层细分后，下达到各部门去执行，即生产部门据此生产、采购部门据此采购等。

（二）ERP 系统给企业带来的成本益处

据统计，使用 ERP 系统，平均可以为企业带来如下成本益处。

（1）库存水平下降 30%～50%。企业的库存投资会减少 40%～50%，库存周转率会提高 50%。

（2）延期交货的情况减少 80%。当库存减少并稳定的时候，使用 ERP 系统的企业，准时交货率平均提高 55%，误期率平均降低 35%，这就使销售部门的信誉大大提高。

（3）采购提前期缩短 50%。采购人员有了及时准确的生产计划，就能集中精力进行价值分析、选择货源、研究谈判策略、了解生产问题，从而缩短采购时间和节省采购费用。

（4）停工待料的现象减少 60%。由于零件需求的透明度提高，计划能够得到及时准确的实施，零件也能以更合理的速度准时到达，因此，生产线上的停工待料现象将会大大减少。

（5）生产成本降低 12%。库存费用、采购费用的降低必然会引起生产成本的降低。

（6）管理水平提高。管理人员减少 10%，生产能力提高 10%～15%。

（三）ERP 系统在应用中存在的问题

1.ERP 系统管理误差

虽然企业应用 ERP 系统能实现企业成本的事前预测、事中控制、事后分析等一系列管理，但从企业成本管理的实际效果来看，ERP 系统在应用中还存在一些问题，其中最明显的便是稳定性较差，特别是在成本管理数据生产环节，其灵活性较差，因而起到的调整与控制效果并不明显。加之 ERP 系统在事中控制环节缺陷明显，管控力不足，自然也会对成本管理的实际效果造成影响。需注意的是，由于 ERP 系统在运行环节的不稳定，因而时常导致计算机录入及企业三流合一等环节出现误差。

2.ERP 系统与企业成本管理模式结合效果不明显

将 ERP 系统应用到企业成本管理中非常必要，但在实际应用环节，由于成本信息、管理环境及管理模式等内容发生改变，企业管理者在 ERP 系统应用方面的经验缺乏，以致当前的 ERP 系统难以有效同企业成本管理模式结合起来发挥作用。

3. 有隐蔽性成本

ERP 系统的应用对于企业而言有隐蔽性成本，如教育培训成本、测试整合成本及咨询顾问成本等，若不对这些成本加以控制，必然会影响企业成本管理的质量。

4. 系统本身存在缺陷

ERP 系统在运行环节不稳定，除了管理者知识技能匮乏外，根本原因在于系统本身存在缺陷，如缺少管理流程与生产重组功能、缺乏全面监管生产管理流程的功能等。

（四）有效改进策略

针对以上问题，企业应采取以下策略进行改进。

1. 科学调整企业标准成本

企业应按照企业先行的成本管理信息制定详尽的内部管理流程，以此缩小累计成本之间的差异。企业要想维持长期稳定的生产经营，便需要按照生产实际需求适时调整标准成本，避免出现差异过大的问题。

2. 强化车间产品成本核算力度

完成产品生产后，企业应将产出废品纳入成本核算范畴，但在此环节需将废品和产品区分开，单独进行计算，以确保核算的精准度。在具体的生产环节中，企业应根据制造费用、材料费用及人工费用等分摊成本，确保每一个产品都能合理分摊生产成本，从而确保成本信息的质量。

3. 加大新产品形成成本的核算力度

企业在经营过程中必然会开发新产品，而开发新产品便意味着投入成本、消耗各种资源，企业在这一过程中应做好一系列的计算工作，确保新产品开发成本核算准确。

第四节　夯实成本管理的基础

一、定额制定

定额是企业在一定生产技术水平和组织条件下，人力、物力、财力等各种资源的消耗能达到的数量界限，主要有材料定额和工时定额。成本管理主要涉及制定消耗定额，只有制定出消耗定额，企业才能更好地进行成本管理。工时定额的制定主要依据各地区收入水平、企业工资战略、人力资源状况等因素。在现代企业管理中，人力成本越来越高，工时定额显得特别重要。在工作实践中，根据企业生产经营特点和成本控制的需要，企业可能还要制定动力定额、费用定额等。

定额制定是成本管理基础工作的核心，建立人工包干制度、控制工时成本、控制制造费用等，都需要定额，没有科学准确的定额，企业就难以控制生产成本。同时，定额也是企业进行成本预测、决策、核算、分析、分配的主要依据，是成本管理基础工作的重中之重。

二、标准化工作

标准化工作是现代企业管理的基本要求，是企业正常运行的基本保证。它促使企业的生产经营活动和各项管理工作实现合理化、规范化、高效化，是成功管理成本的基本前提。在成本管理过程中，企业需做好四项标准化工作，如图2-7所示。

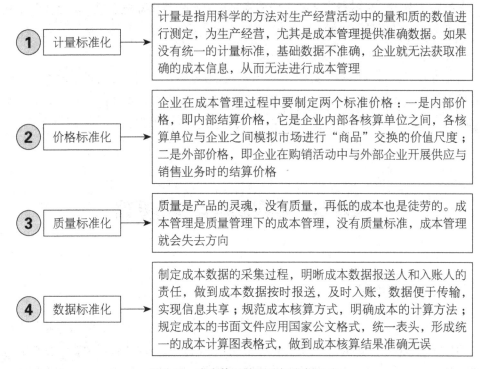

图 2-7　成本管理的四项标准化工作

三、成本管理制度建设

企业运行的基本保证有两个，一是制度建设，二是文化建设。制度建设是根本，文化建设是补充。没有制度建设，企业就不能固化成本管理流程，就不能保证成本管理质量。

（一）制定成本管理制度

企业应在产品生产之前，对影响成本的因素进行分析研究，制定出一套适应企业具体情况的成本管理制度，将各项经济指标层层细化，分解到各责任部门。同时，企业还应制定可控费用的管理办法，做到硬指标、硬任务和奖罚激励措施并举，增强广大员工战胜困难的信心，使员工积极参与成本管理。该制度应尽可能制定得可以衡量，比较具体且可以考核，如果不能衡量差异，就不能界定成本管理结果的好坏。该制度应抓住关键点，而且数目不宜太多，要便于实施。

（二）建立成本管理的归口责任制度

在成本管理的归口责任制度下，各职能部门在成本管理和控制方面分别承担一定的责任。其中，生产部门负责生产任务的安排、下达，保证完成产量；供销部门负责制定物资储备定额，控制物资的消耗，节约物资的采购费用、保管费用；劳动部门负责劳动资源的合理组织，制定劳动定额，提高工时利用率和劳动生产率，控制工资支出；机电部门负责制定设备利用定额，提高设备利用率，降低设备修理成本，减少设备维护保养费用；动力部门负责水、电等动力定额的制定和管理，在保证生产需要的前提下，努力控制动力消耗；其他部门负责与自身责任有关的成本管理和控制工作，提高工作效率，减少费用支出。当然，企业不应局限于上述成本指标，而必须同时从增产和节约两方面着手，抓好成本管理工作，才能全面提高经济效益。

（三）形成一个正式的成本管理报告制度

各级责任单位应编制成本管理报告，向企业有关部门报送。成本管理报告的内容同责任单位承担的成本责任一致，但应根据例外管理原则突出重要的信息，而且还要同岗位责任制相联系，区分可控费用与不可控费用。报告尽量采用表格的形式，一般将责任单位的实际消耗同应达到的标准相比较，其差异反映了责任单位的工作质量。有关人员可以根据这种报告，及时掌握自己负责管理的事项的执行情况，了解其产生问题的原因，决定深入调查的重点方向，以及采取何种措施等。财务部门可以建立并完善相关的成本台账制度，将每月的产量、材耗和工资等费用及时收集、汇总编制成本快报，把成本管理贯穿于生产经营和投入产出的全过程，提高事前和事后的成本监控能力，为企业管理者的决策提供翔实和准确的依据。

（四）建立奖惩制度，使各责任单位的工作与物质利益紧密结合

企业应把责任成本指标纳入考核范围，按照"责、权、利"相结合和"多节多奖、少节少奖、不节不奖、超支罚款"的原则进行考核。同时，健全奖惩机制，促使全员积极参与。此外，企业还可以根据不同的需求设定不同的激励方式，例如，对于普通员工，可采取浮动工资的办法进行激励；对于中层领导，则以业绩考核为主，辅以精神鼓励和一定的物质奖励。

第三章

研发成本控制

由于80%的产品成本在研发阶段几乎已确定，可以说研发阶段是产品成本的起点，对后续的生产成本有决定作用。因此有效的成本控制应发生在产品研发阶段，企业应在源头上对产品成本进行控制。

第一节　研发成本概述

一、研发成本的构成

研发成本包括研发费用和产品费用。研发费用包括开发费用、测试费用和人工费用等，产品费用包括采购费用、材料费用和制造费用等。

二、研发过程中的三大误区

（一）过于关注产品性能，忽略了产品的经济成本

也许是由于职业习惯，研发人员经常将其负责的产品项目作为一件艺术品或科技品进行研发。这就容易使其对产品的性能、外观追求尽善尽美，却忽略了许多部件在生产过程中的成本，没有充分考虑产品在市场上的性价比和受欢迎的程度。实践证明，在市场上功能最齐全、性能最好的产品往往不是最畅销的产品，因为它必然会受到价格及客户认知水平等因素的制约。

（二）过于关注表面成本，忽略了隐含（沉没）成本

某企业有一家下属公司曾经推出一款新产品，该新产品总共用了 12 枚螺钉进行外壳固定，而竞争对手只用 3 枚螺钉就达到了相同的效果。当然，仅从每个单位产品上省下 9 枚螺钉的价值来说，最多不过是几毛钱的差异。但是，进行批量生产后就会发现，由于多了这 9 枚螺钉，采购成本、材料成本、仓储成本、装配（人工）成本、装运成本等加在一起就是一笔很大的支出。也就是说，虽然该公司的新产品仅比竞争对手多了 9 枚螺钉，但其所带来的隐含（沉没）成本是十分巨大的。

（三）急于研发新产品，忽略了原产品替代功能的再设计

一些产品之所以昂贵，往往是由于设计得不合理。在没有作业成本限制的产品设计中，研发人员往往忽略了许多部件及产品的多样性和生产过程的复杂性，这往往

可以通过对产品的再设计来达到降低成本的目的。但是很多时候，研发人员研发完一款新产品后往往会急于将精力投放到其他正在开发的新产品上，以求加快新产品的推出速度，而忽略了原产品替代功能的再设计。

三、80% 的产品成本在研发阶段确定

产品的生命周期包含成长期、成熟期、衰退期三个阶段，这三个阶段的成本控制重点分别是设计成本、生产成本、销售服务成本。

实际上，产品研发和设计是产品生产、销售的源头，产品的目标成本其实在研发设计完成后就已经基本成型。对于后期的产品生产等制造工序来说，其最大的可控之处只能是降低生产过程中的损耗及提高装配加工效率（减少制造费用）。有一种观点被普遍认同，就是 80% 的产品成本是约束性成本，并且在产品的研发阶段就已经确定。也就是说，一旦完成研发，产品的目标材料成本、目标人工成本便已基本定性，制造部门很难改变研发设计中存在的先天不足。有很多产品在研发阶段就显示出其未来的制造成本会高于市场价格。

要保证产品在给定市场价格、销售量、功能的条件下取得可以接受的利润水平，企业就必须在产品设计开发阶段进行对目标成本和研发成本的控制。

目标成本的计算又称为"由价格引导的成本计算"，是一种由后向前的成本确定模式，它与传统的"由成本引导的价格计算"（即由成本加成计算价格）相对应。确定产品价格时企业通常需要综合考虑多种因素，包括产品的功能、性质及市场竞争力。一旦确定了产品在价格、功能、质量等方面的目标，研发人员就可以用目标价格扣除目标利润得出目标成本。目标成本是企业在研发、生产阶段关注的焦点，也是研发设计工作的动因，同时也为产品的研发及工序的设计指明了方向并提供了衡量的标准。在产品研发和工序设计阶段，研发人员应该通过目标成本的计算来推动研发设计方案的改进，以降低产品未来的制造成本。

四、新产品研发成本控制的特征

新产品研发是指从确定新产品研发任务书到确定产品结构的一系列技术准备和管理工作，是产品生产过程的开始。新产品研发成本控制的特征如图 3-1 所示。

特征一	新产品研发阶段的成本控制主要是降低成本的事前管理活动，增加降低产品成本的可能性
特征二	新产品研发阶段的成本控制是一种技术性较强的活动。例如，选择何种工艺、选用哪种物料等将会如何影响产品成本
特征三	新产品研发阶段的成本控制可能是对成本影响最大的成本控制活动，因为它所确定的产品特性在很大程度上决定了产品在其他阶段的成本。因此，在这个阶段进行有效的成本控制可以提高企业的成本控制水平

图 3-1　新产品研发成本控制的特征

五、新产品研发成本控制的基本要求

新产品研发成本控制需要满足一定的要求，具体内容如图 3-2 所示。

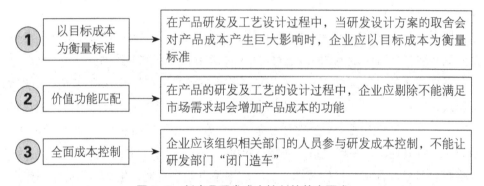

图 3-2　新产品研发成本控制的基本要求

第二节　研发成本管理

一、树立成本管理理念

企业应该树立成本管理理念，对产品研发阶段的成本管理加以重视。只有对产品研发阶段的成本管理有一定的了解，对产品研发阶段的成本管理不再产生抵触情绪，企业才能真正改变过去不关注供应过程、新产品设计及生产要素合理组织的成本管理现象，增加对非物质产品成本的管理。

二、在产品研发阶段加强市场研究

在产品研发阶段，企业调研部门应进行市场研究，对市场行情进行了解，掌握同类产品及相似产品在市场上的价格定位及消费者偏好等，收集消费者对新产品特性的需求，并将其与该产品可能提供的各项功能进行适当的比较，供研发人员参考。通过以上调查研究获得消费者需求信息，成本会计人员和成本企划人员在讨论、计算后，就可以制定适合本企业发展的成本企划，工程人员就可根据现有的生产能力及技术水平预估生产某一产品的成本。其中，预估成本与目标成本的差额就是企业需要努力降低的对象。

三、加强新产品研发成本分析

在产品研发阶段，企业应在满足产品性能、质量、功效的前提下尽量压缩成本、降低费用。要达到这个目标，企业必须加强新产品研发成本分析。

企业可以采用以下方法进行新产品研发成本分析。

（1）列表分析。确定目标成本以后，研发人员要将其列入"研发要求表"作为研发、评价和决策的一项依据。对它的要求与对产品的性能方面的要求同等重要。研发人员在设计结构、确定尺寸和选择材料时，必须满足产品的功能、特点和目标成本。

（2）性能成本比分析。性能成本比就是目标性能和目标成本的比值。研发人员通过对该指标的分析可以看出，新研发出来的产品的成本、功能和性能等指标是否能达到原先设定的目标。假如实际的成本性能比高于目标成本性能比，在设计成本与目标成本一致的前提下，说明新产品的设计性能高于目标性能。此外，企业还可以通过将新产品的设计性能调整到与目标性能一致的方法来达到降低产品成本的目的。

（3）扩展成本分析。在新产品研发阶段，研发人员除了考虑产品本身的材料成本以外，还应考虑该种材料的应用是否会导致其他方面成本的增加。例如，所采用的材料是否易于采购，是否方便储存、装配和装运。如果这些方面处理得不恰当，就会直接导致成本的增加。事实上，如果研发人员在产品研发阶段缺乏整体考虑，往往需要在生产中临时增加某些物料或生产设备来解决存在的缺陷。这些临时增加的物料或生产设备不仅会增加材料成本，还会增加生产过程中的装配复杂度，间接影响批量生产的效率，造成物耗的大幅度上升，进而导致产品成本的增加。

四、加强产品研发成本预算

对于产品研发成本的控制，企业不能简单地从产品数量上入手，而应从产品生命周期成本的角度考虑，通过提高研发效率来减少采购、生产及售后服务阶段的成本。而且，预算的精确性也是企业在该阶段加强成本管理必须考虑的问题。

在生产之前或其他产品获得收入之前所产生的成本占产品生命周期成本的比例越高，企业就越需要精确的成本预算。

（一）研发成本预算的内容

研发成本预算的内容如表 3-1 所示。

表 3-1　研发成本预算的内容

序号	项目	具体内容
1	设备费	项目研究的专用设备，须列明设备的用途，标明设备名称、规格、型号、国别、单价、台件等。设备费一般占项目经费的 10%～15%，最高不得超过 20%
2	材料费	在对材料费进行预算时，要写明主要材料的品种、规格、作用，并对数量的必要性加以说明，同时根据数量、单价逐项计算；辅助材料的费用也要根据数量、价格进行计算；材料费一般占项目经费的 30%～40%
3	测试化验加工费	在对测试化验加工费进行预算时，要注明测试、化验、加工的具体名目、作用、次数、单价、总金额，以及数据录入、统计、归集、整理的费用；该项费用一般占项目经费的 20%～30%
4	燃料/动力费	燃料/动力费包含支付给外单位的水、电、气、暖费用；在对燃料/动力费进行预算时，要写明单价、吨位等；该项费用应控制在项目经费的 5% 以内，甚至可以更少

（续表）

序号	项目	具体内容
5	差旅费	差旅费是指研究人员外出调研、考察、进行业务洽谈、参加会议等的机票费、车船票费、住宿费、伙食补助费和公杂费；差旅费应控制在项目经费的 10% 以内
6	会议费	会议费指用于支付项目研发过程中召开的咨询、论证、结题等会议的餐费、资料费、会议室租用费等，特邀专家的机票费、火车票费、住宿费等也可列入会议费；会议费应控制在项目经费的 5% 左右
7	知识产权费	知识产权包括工业产权和版权两部分，具体包括工业产权中的专利、商标、服务标志、设计专有权和版权中的作品使用权、肖像使用权、信息传播权等，该项费用一般占项目的 5% 左右
8	劳务费	劳务费的发放仅限参加研究的在职研究人员和临时聘用人员，该项费用应控制在项目经费的 3% 左右
9	专家咨询费	企业应严格按会议形式和通信形式的不同规定发放专家咨询费，该项费用应控制在项目经费的 3% 左右
10	管理费	管理费通常按项目经费预算实行分段超额累进核定：100 万元以下的核定比例为 8%，100 万～500 万元的核定比例为 5%，500 万～1 000 万元的核定比例为 2%，超过 1 000 万元的核定比例为 1%

（二）编制预算说明的要求

（1）预算说明要与项目研究的内容及目标紧密相扣。

（2）凡是国家有明确规定的，一定要依据标准认真测算，不能自定标准，超标准计算。

（3）采用市场价格计算的要参照市场上的公允价格，不可高估。

（4）购置的主要设备和材料应有两个以上的报价单附在预算说明后面。

（5）预算说明不能太简单笼统，不能用"大约"等模棱两可的词。

（6）各支出科目要做到依据充分、取费标准合理、计算数据准确。

（三）预算的计算方法和优缺点

预算的计算方法和优缺点如表 3-2 所示。

表3-2　预算的计算方法和优缺点

序号	方法	计算方法	优缺点	
1	营收比例法	预算＝营收×研发费用百分比	优点	（1）容易计算、理解 （2）容易以增加营收来调整预算 （3）可充分反映企业政策
			缺点	（1）新产品的研发费用百分比不易设定 （2）研发费用百分比固定后易导致研发流程僵化 （3）研发费用百分比变动过大时会影响研发的稳定 （4）与当年营收的相关度低
2	销售单位法	预算＝预定销售量×单位研发费用	优点	（1）容易计算、理解 （2）容易以增加预定销售量来调整预算 （3）可充分反映企业政策
			缺点	（1）新产品的研发预算比例不易设定 （2）比例固定后易导致研发运作僵化 （3）比例变动过大时会影响研发的稳定 （4）与当年营收的相关度低 （5）不易评估高价产品的费用
3	成长趋势法	预算＝营收长期目标×研发费用百分比	优点	易于制订研发的长期计划
			缺点	营收长期目标较高时会有过度膨胀的现象
4	获利比例法	预算＝预计获利×获利对研发的比例	优点	新产品的研发与技术开发较易反映经营绩效
			缺点	（1）基础研发与技术开发的成果很难反映利润 （2）跨期的大项目不易估算长期利润 （3）研发预算按利润分配时，利润低的产品有恶性循环的可能
5	目标获利法	预算＝营收－成本－计划目标	优点	容易计算达成获利目标的研发预算
			缺点	（1）基础研发与技术开发的成果很难反映利润 （2）跨期的大项目不易估算长期利润 （3）研发预算按利润分配时，利润差的产品可能会进入恶性循环

序号	方法	计算方法		优缺点
6	投资报酬法	研发投资总报酬÷研发投资总额	优点	（1）客观性强，可预测确保长期稳定的研发成果的必要投资 （2）可将研发投资与其他投资进行比较以决定投资方向
			缺点	（1）长期的研发不利于精确地估算未来目标与收益 （2）无法适用于不产生直接利益的基础研发及技术开发工作 （3）利润评估与实际业绩不易掌握 （4）实际业绩的验证耗时长
7	竞争比较法	运用同业平均水平或主要竞争企业的实际绩效值（必须比较营收、投资额及每位研发人员的比例）	优点	（1）充分考虑研发架构完整的标杆企业 （2）适用于非领先企业
			缺点	（1）容易忽略企业的独特性（新技术无竞争的开发方案容易被忽视） （2）不适用于技术领先的企业

表 3-3 和表 3-4 可供企业确定新产品开发成本预算时使用。

表 3-3　新产品开发成本预算表

产品名称				产品图号			
成本项目		各阶段成本预估					
		第1阶段	第2阶段	第3阶段	第4阶段	第5阶段	合计
产品开发费/元							
制造成本	原材料费/元						
	外协外购/元						
	直接工资/元						
	制造费用/元						
	模具费用/元						
管理费用/元							
财务费用/元							
销售费用（运费、包装费）/元							

（续表）

成本项目	各阶段成本预估					
	第1阶段	第2阶段	第3阶段	第4阶段	第5阶段	合计
合计（生产成本）/元						
预算费用/元						
备注						
编制/日期						
项目组会签						
项目组长						
批准日期						

注：产品开发费包括零部件测量费、模具试制费、样件检验试验费、工装设计费、差旅费等。

表3-4　产品（项目）研发预算书

产品（项目）名称：＿＿＿＿＿＿＿＿＿＿＿＿　　开发部门：＿＿＿＿＿＿＿＿＿＿

预算总金额：（1）费用总计：＿＿＿＿万元　　（2）投入总计：＿＿＿＿＿万元

产品（项目）负责人：＿＿＿＿＿＿＿＿＿＿　　参与部门：＿＿＿＿＿＿＿＿＿

项目开发期间：＿＿＿＿年＿＿月至＿＿＿＿年＿＿月

说明：本预算为产品从立项到量产前所有的开发投入；内容分为两部分，第一部分为产品开发投入预算表，第二部分为预算编制说明，即对各单项费用的详细描述；第一部分是对第二部分的金额汇总。

第一部分：产品开发投入预算表

单位：万元

月份	人员	直接费用														分摊间接管理费用	费用总计	其他投入			投入总计
		工资及附加		仪器设备费（<10万元）	专用软件费	仪器（≥10万元）折旧	开发（实验）物料	环境物料	装备物料	模具工具费	设计费	测试费	合作费	其他费用	直接费用合计			实验用物料	试生产物料	≥10万元设备	
		人均	总额																		
合计																					

注：

（1）单价超过10万元的仪器设备在直接费用预算中每月只计算折旧；

（2）费用总计＝直接费用总计＋分摊间接管理费用；

（3）投入总计＝费用总计＋单价超过10万元的设备金额＋实验用物料＋试生产物料＋分摊间接管理费用－仪器（≥10万元）折旧；

（4）后附预算编制说明。

第二部分：预算编制说明

一、工资及附加（包括硬件、软件、测试、工艺及装备、结构开发等人员）

月份	产品所处开发阶段	产品开发团队核心小组人员	硬件人员	软件人员	测试人员	工艺及装备人员	结构开发人员	其他人员	总计
总计									

由上表可做出"产品开发投入预算表"中的工资及附加的预算，每人每月可按公司平均水平计算（此数据可由财务部提供）。

二、仪器设备、专用软件、物料预算

仪器设备分为两种，一种是单价低于10万元的，购买时直接计入"产品开发投入表"中的仪器设备费项目；一种是单价大于等于10万元的，按公司财务规定，使用年限为3年，每月平均计提折旧。本产品开发所需主要仪器设备、专用软件、物料如下。

（一）可共享的仪器设备、专用软件

仪器、软件名称	数量	所在部门	预计占用时间段	备注

（二）需新购买的仪器设备、专用软件

仪器、软件名称	预计单价/万元	数量	总额/万元	申购部门	要求到货时间	备注

（三）产品开发所需物料

1. 开发（实验）物料

为产品研发而耗费的物料，在开发阶段为开发物料，在中试阶段为实验物料。

开发（实验）物料	单价/万元	数量/套	总额/万元	申购部门	到货时间	备注

2. 环境物料

环境物料	配置要求	单价/万元	数量	总额/万元	申购部门	到货时间	备注

3. 实验用物料

实验用物料	单价/万元	数量/套	总额/万元	申购部门	到货时间	备注

4. 装备物料

主要是测试部门为开发生产、测试装备所耗费的物料。

装备物料	单价／万元	数量	总额／万元	申购部门	到货时间	备注

5. 试生产物料

试生产物料	单价／万元	数量	总额／万元	申购部门	到货时间	备注

三、其他分项费用预算

（1）测试费是指企业为产品试验、测试、鉴定而向其他企业支付的费用，企业内的其他部门为本产品提供的试验、测试、鉴定和验收等发生的费用不归入此项。

（2）设计费是指产品的设计费用，包括委托外单位设计而发生的费用。

（3）合作费是指因与外单位合作开发而向外单位支付的费用。

（4）模具工具费是指为开发产品而发生的制作、购买模具工具的费用。

（5）其他费用主要指差旅费、会议费、房屋折旧水电费、培训费等。此项费用可按每人每月平均费用的标准进行计算。该数据可由财务部提供。

其他分项费用预算表

费用项目	预计金额／万元	预计发生时间	责任部门	费用发生原因	备注
测试费					
设计费					

（续表）

费用项目	预计金额 /万元	预计发生时间	责任部门	费用发生原因	备注
合作费					
模具工具费					
其他费用 （按每月人均数计算）					

（6）分摊间接管理费用主要指产品开发组应分摊的总部各职能部门的费用。分摊的费用可由财务部协助进行计算。

五、制定研发成本管理办法

企业应在制度上对研发成本的管理加以规定，明确内部人员在产品规划、研发阶段的成本责任，明确企业与研发阶段相关人员的责、权、利关系，明确成本管理中各项记录、统计、分析、管理的程序。只有这样，企业才能使研发成本的管理落实到日常工作中，达到相应的效果。

下面是某企业产品研发部的部分成本管理表格，供读者参考。

·····【范本1】▶▶▶··

企业研究开发项目单个项目费用明细表

申请企业：（盖章）　　　　　　_____年___月___日　　　　　　　　单位：元

项目名称	
支出项目	实际发生金额
一、人员人工	
1. 工资、奖金	
2. 津贴、补贴	
3. 年终加薪、加班工资	
4. 人员聘用费	
5. 其他支出	

支出项目	实际发生金额
二、直接投入	
1. 原材料、辅助材料	
2. 燃料／动力费	
3. 中间试验费	
4. 产品试制费	
5. 达不到固定资产标准的模具、样品、样机及一般测试手段购置费	
6. 试制产品检验费	
7. 仪器设备简单维护费	
8. 以经营租赁方式租入的固定资产租赁费	
9. 其他支出	
三、折旧费用与长期待摊费用	
1. 仪器折旧费	
2. 设备折旧费	
3. 在用建筑物折旧费	
4. 设施改建、改装、装修和修理过程中发生的长期待摊费用	
5. 其他支出	
四、设计费用	
1. 新产品设计费	
2. 新工艺设计费	
3. 工序、技术规范设计费	
4. 操作特性设计费	
5. 其他支出	
五、装备调试费	
1. 生产机器研制费	
2. 模具、工具的开发及制造费用	
3. 设备调整费	
4. 改变生产和质量控制程序的费用	

（续表）

支出项目	实际发生金额
5. 制定新方法、新标准的费用	
6. 其他支出	
六、无形资产摊销	
1. 专利、非专利技术摊销费	
2. 软件、技术图书资料费	
3. 许可证使用费	
4. 设计和计算方法的费用	
5. 专有技术购入费	
6. 其他支出	
七、委托外部研究开发费用	
八、其他费用	
1. 办公费	
2. 通信费	
3. 专利申请维护费	
4. 高新科技研发保险费	
5. 其他支出	
总计	

【范本2】▶▶▶

企业研究开发费用支出明细表（委托开发项目填报）

申请企业：（盖章）　　　　　　_____年___月___日　　　　　　单位：元

项目名称	
委托方	
受托方	
委托开发项目支付的费用总额	

受托方实际发生的研究开发费用	
以下内容由受托方根据受托研究开发项目实际发生的费用据实填报	
支出项目	实际发生金额
一、直接从事研发活动的本企业在职人员费用	
1. 工资、薪金	
2. 津贴、补贴	
3. 奖金	
二、研发活动直接投入的费用	
1. 直接消耗的原材料、半成品、燃料和动力费用	
2. 达不到固定资产标准的模具、样品、样机及一般测试手段购置费	
3. 工艺装备开发制造费、设备调整检验费、试制产品检验费	
4. 用于研发活动的仪器设备简单维护费	
三、折旧费用与长期待摊费用	
1. 专门用于研发活动的仪器、设备的折旧费或租赁费	
2. 研发仪器设备改装、修理过程中发生的长期待摊费用	
四、设计费用	
1. 新产品设计费、新工艺规程制定费	
2. 进行工序、技术规范、操作特性方面的设计等发生的其他费用	
五、装备调试费	
工装准备过程中研发活动发生的费用	
六、专门用于研发活动的无形资产摊销费	
1. 研发软件摊销费	
2. 专利权摊销费	
3. 非专利技术（发明）摊销费	
4. 许可证、专有技术、设计和计算方法等专有技术发生的摊销费	
七、勘探、开发技术的现场试验费	
八、研发成果的论证、鉴定、评审、验收费	
九、与研发活动直接相关的其他费用	
1. 技术图书资料费	

（续表）

支出项目	实际发生金额
2. 资料翻译费	
一至九项合计：	
十、其他人工费用	
1. 在职从事研发活动人员的社会保险费、住房公积金等人工费用	
2. 研发机构管理人员的薪酬	
3. 外聘研发人员的劳务费用	
十一、其他资产的折旧、摊销费、租赁费	
1. 非专门用于研发活动的仪器设备的折旧、租赁费	
2. 非专门用于研发活动的无形资产的摊销费	
3. 研发所用房屋、建筑物的折旧、租赁费	
十二、研发活动形成的试制品或研发品对外销售所发生的费用	
十三、其他费用	
1. 研发人员或研发项目管理人员发生的办公费、差旅费、外事费、通信费	
2. 研发人员培训费	
3. 研发项目专家咨询费	
4. 高新科技研发保险费	
十至十三项合计：	
总计（以上十三项费用合计）：	

第三节　研发流程成本的控制细节

一、新产品研发的阶段划分

依据具体内容，新产品研发过程可划分为三个阶段，如图3-3所示。

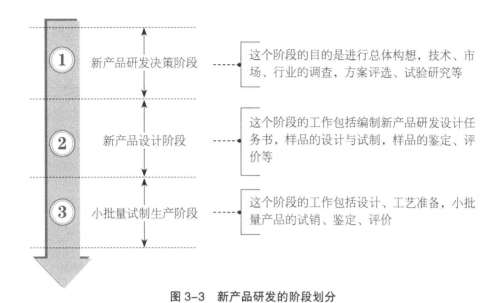

图 3-3　新产品研发的阶段划分

二、不同研发阶段的成本控制重点

不同研发阶段产品研发对成本的影响如图 3-4 所示。

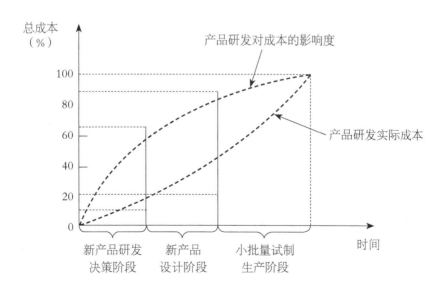

图 3-4　不同研发阶段产品研发对成本的影响

在新产品研发的不同阶段，其成本控制重点是不一样的，具体说明如图3-5所示。

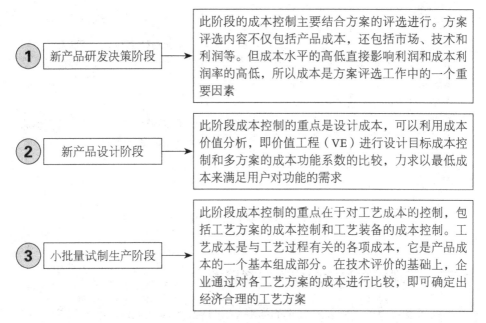

① 新产品研发决策阶段 → 此阶段的成本控制主要结合方案的评选进行。方案评选内容不仅包括产品成本，还包括市场、技术和利润等。但成本水平的高低直接影响利润和成本利润率的高低，所以成本是方案评选工作中的一个重要因素

② 新产品设计阶段 → 此阶段成本控制的重点是设计成本，可以利用成本价值分析，即价值工程（VE）进行设计目标成本控制和多方案的成本功能系数的比较，力求以最低成本来满足用户对功能的需求

③ 小批量试制生产阶段 → 此阶段成本控制的重点在于对工艺成本的控制，包括工艺方案的成本控制和工艺装备的成本控制。工艺成本是与工艺过程有关的各项成本，它是产品成本的一个基本组成部分。在技术评价的基础上，企业通过对各工艺方案的成本进行比较，即可确定出经济合理的工艺方案

图3-5　不同阶段成本控制的重点

三、不同研发阶段的成本控制方法

（一）新产品研发决策阶段的成本控制方法

新产品一经开发、生产和投放市场之后就可能给企业带来经济效益，尽管这种效益在一定程度上受客户消费心理、产品售价等因素的影响，但主要还是由产品成本、质量决定。因此，企业必须要求研发人员将新产品的研发设计成本控制在允许的范围内，并制定出最佳研发方案。

对新产品研发方案进行评价时可采用评分优选法。这是一种综合性评价方法，它可以通过预定的评分项目和评价标准对各方案进行评分，并通过归纳汇总后的分数来评价各方案的优良，其基本步骤如图3-6所示。

① 在研发方案比较表中列出主要的影响因素（产品功能、市场需求、竞争对手、产品的生命周期、生产条件、成本利润率等），按照各因素的重要程度分别赋予其不同权重

② 对每个可选方案进行考察，分别给出各方案中各个因素的评分，然后将该评分乘以对应的权重，算出各因素的具体得分

③ 把各方案的每个因素的得分全部加总，总分最高者为最佳研发方案。计算公式：某方案的总分＝Σ（该方案中某因素的评分×该因素的权重）

图 3-6 评分优选法的步骤

（二）新产品设计阶段的成本控制方法

新产品设计阶段一般可以分为初步设计、技术设计、工作图设计三个步骤。产品成本中的物料和工时消耗的多少主要是由产品的设计结构和工艺要求决定的，而采用何种工艺最终也是由设计决定的。所以，产品的大部分成本实际在新产品设计阶段就已经确定了。

（1）对成本产生不利影响的因素。新产品研发中的许多方面会对成本产生不利影响，主要表现为以下几方面，具体说明如图 3-7 所示。

对成本产生不利影响的因素

没有明确的客户要求，企业确定的产品基本性能和主要参数高于实际需要

产品结构过于复杂或结构工艺性能差，造成加工费用大幅增加

采用过高的安全系数，设计的零部件的重量、体积过大

把零部件的加工精度、配合公差或技术性能要求的指标定得过高，增加制造和检查的工作量并提高了报废率

图 3-7 对成本产生不利影响的因素

（2）新产品设计阶段成本控制的内容。为了避免上述设计问题引起成本升高，企业必须在设计过程中应用价值工程分析法进行技术经济分析和成本控制。

价值工程分析的目的在于找出提高产品价值的方案。价值工程从总体上观察成本的构成，包括原料的制造过程、劳动力类型、使用的装备及外购与自产零部件之间的差异。价值工程按照两种方式来设定目标成本，具体说明如图 3-8 所示。

通过确认产品的改善设计（即使是新产品也应通过不同的方式适应其功能要求），在不牺牲功能的前提下削减产品部件和制造成本

方式

通过削减产品不必要的功能或降低其复杂程度来降低成本

图 3-8　价值工程设定目标成本的两种方式

（三）小批量试制生产阶段的成本控制方法

小批量试制生产是正式生产和销售的预演，此阶段的任务是对新产品的设计过程进行谨慎的再验证和再鉴定，具体内容如图 3-9 所示。

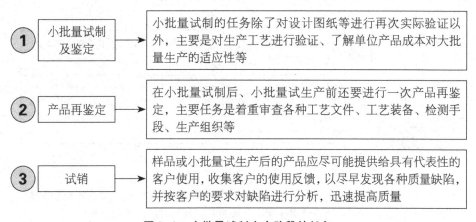

1	小批量试制及鉴定	小批量试制的任务除了对设计图纸等进行再次实际验证以外，主要是对生产工艺进行验证、了解单位产品成本对大批量生产的适应性等
2	产品再鉴定	在小批量试制后、小批量试生产前还要进行一次产品再鉴定，主要任务是着重审查各种工艺文件、工艺装备、检测手段、生产组织等
3	试销	样品或小批量试生产后的产品应尽可能提供给具有代表性的客户使用，收集客户的使用反馈，以尽早发现各种质量缺陷，并按客户的要求对缺陷进行分析，迅速提高质量

图 3-9　小批量试制生产阶段的任务

四、新产品研发的设备成本控制

从传统意义上讲，生产设备的投入量一般由生产能力决定，确定了生产能力也就确定了生产设备的投入量。但从新产品的研发来看，其成功具有很大的不确定性，在大规模的生产状态下过多地投入设备必然会产生过高的设备成本。因此，企业在进行新产品研发的设备成本控制时要掌握以下要点，如图 3-10 所示。

要点一	采取柔性设计方式。这是指在新产品研发阶段充分考虑产品能否成功、未来市场的变动等因素，使研发设计方案能够根据具体情况迅速调整，避免因为无法调整导致按原方案采购的设备不能再次投入使用
要点二	使用尽可能多的通用设备，充分利用设备各方面的功能，减少设备的闲置、浪费
要点三	必要时可以考虑租赁设备，以节省成本

图 3-10　新产品研发的设备成本控制要点

五、新产品研发的人力资源成本控制

新产品研发的人力资源成本控制是指企业以开发人力资源效益和提高企业经济效益为目的，在研发过程中界定人力资源成本构成，建立人力资源成本指标体系，制定人力资源成本标准、控制目标、成本控制体系和制度等的一系列管理活动。

新产品研发的人力资源成本控制体系应反映研发人力资源从进入企业到退出企业全过程所发生的各项支出，凡涉及该部分人力资源的取得、开发、使用、保障和离职等的投入和发生的一切费用都应进行统计，具体控制措施如图 3-11 所示。

要点一	研发人力资源的取得成本、开发成本、离职成本大部分是可控的，企业可以通过制定相关工资标准、福利标准对人员的招聘等工作进行限制，以控制成本
要点二	人力资源的使用成本具有半可控的性质，这取决于企业的培训质量。好的培训能够提升员工的技能，同时也能提高员工的工作效率
要点三	保障成本基本是不可控的

图 3-11　新产品研发的人力资源成本控制措施

六、新产品研发的技术成本控制

新产品的研发过程中，技术创新成本是技术成本的一个重要组成部分，它是企业为达到技术创新目标而发生的成本。一般来讲，技术创新可以通过自主创新、模仿创新和引进创新三种途径实现，具体说明如图3-12所示。通过不同的途径进行技术创新，其成本是不同的。

自主创新	模仿创新	引进创新
指企业主要依靠自身的技术力量进行研究开发，在此基础上实现科技成果的商品化并最终获得市场的认可。进一步讲，企业还可以将自主创新的成果申请专利保护，并获得相应的专利收益	指企业在率先创新者的示范影响和利益诱导下通过合法手段引进技术，并在率先创新者所用技术的基础上进行改进的一种创新形式。模仿创新并不是原样仿造，而是有所发展、有所改进	指完全引进别人率先创新的技术，并相应地支付技术或专利使用费。引进创新技术，不能流于形式，要使得引进成果转化为生产力，实现企业利润最大化

图 3-12　新产品研发的技术成本控制途径

对于关系到新产品核心技术的创新，企业应尽可能地进行自主创新。而对于其他部分，企业则应根据新产品发展战略考虑进行模仿创新或者引进创新。

第四节　DFC

一、DFC 的含义与特征

（一）DFC 的含义

DFC（Design For Cost，面向成本的设计）是指在产品研发阶段，通过准确定义产品规格，从产品成本的角度，选择最优的产品内部结构、零部件材料及制造和装配工艺，产品设计满足产品功能、外观、可靠性、可制造性和可装配性等要求，并在整个产品研发阶段进行目标成本管理，包括设定目标成本、成本计算与核算等，从而达到降低产品成本的目的，保障企业能够获得足够的利润和投资回报。DFC 将生命周期成本作为一个关键参数，并为设计者提供了分析、评价成本的支持工具。

与传统的降低产品成本方案集中于产品制造阶段不同，面向成本的产品设计把降低产品成本的方案向前推进到产品研发阶段，这是因为约 80% 的产品成本确定于产品研发阶段。

（二）DFC 的特点

（1）在工程系统研制开发中，设计人员应将成本作为一个与技术、性能、进度和可靠性等具有同等重要性的参数给予确定。

（2）企业应在工程项目的全部生命周期内考虑成本问题。

（3）确定准确的生产、使用和维护等阶段中的 DFC 的参数（如：每单位的装配成本、每单位的使用成本等），并使这些参数与技术、性能、进度、可靠性等参数之间达到一种最佳平衡。

（4）确保向工程设计及有关人员进行成本信息的及时交流与反馈，以便有效地采取相应的控制措施。

二、DFC 的研究内容

DFC 的研究内容如表 3-5 所示。

表 3-5　DFC 的研究内容

序号	内容	说明
1	制作目标成本说明书和对照表	目标成本是企业在管理中对成本进行的预测，也是企业追求的目标，确定目标成本后，企业一般可采用材料选择、加工设备选择等方法来降低成本
2	研究成本分配情况并对高成本部分进行标识	在成本会计中，企业一般需要对成本进行分析，以加强对成本的管理和控制
3	依据产品和投入工程的费用进行设计	在实际应用中，企业在有些工程项目或产品设计开始前，就已经知道可以获得多少投资，此时就需要根据可获得的投资进行产品设计

（续表）

序号	内容	说明
4	依据市场情况进行成本和设计的平衡	在市场竞争日益激烈的情况下，只具有最低的成本是不够的，企业必须寻求最佳的性能／价格比，即在客户能接受的范围内以适当的价格提供最佳的功能，而价格主要是由成本决定的，产品性能与设计密切相关，因此成本与设计之间需要进行平衡
5	为设计者提供制造材料对成本的影响信息	在一般情况下，材料成本在制造成本中占有较大的比重，因此材料对成本的影响不可忽视，材料的信息一般比较容易获得且比较准确
6	选择制造方法，降低制造成本	在现代企业中，制造方法多样化，不同制造方法的成本差异很大，选择制造方法已经成为降低制造成本的有效途径之一

三、DFC 的关键技术

DFC 是并行工程的支持工具之一，是 DFX（Design for X，面向产品生命周期各环节的设计）的重要组成部分，DFM（Design for Manufacture，面向制造的设计）、DFA（Design for Assembly，面向装配的设计）等是面向产品生命周期某一环节的，而 DFC 是面向整个产品生命周期的，即成本问题在设计、加工、装配、检验、使用、维修、回收和报废等环节中是一直存在的，这一点是与 DFM、DFA 不同的。

相关链接

并行工程与串行工程

并行工程是一种新的产品研发方法，旨在改善产品质量、降低开发成本、缩短开发周期、提高生产率。与之相对，传统的新产品研发方法是串行工程。

一、串行工程

长期以来，产品研发工作一直采用传统的串行工程，即先进行市场需求分析，将分析结果交给设计部门，设计人员进行产品设计，然后将图纸交给工艺部门进行工艺设计和制造准备，采购部门根据要求进行采购，一切齐备后进行生产加工和测试，结果不满意时再修改设计与工艺，如此循环，直到满意。

串行工程的弊端如下：

在串行工程中，各个部门独立工作，设计人员难以考虑制造及质保等问题，造成设计与制造脱节，导致产品研发处于设计改动量大、开发周期长、成本高的恶性循环。

二、并行工程

"并行"是相对传统产品研发过程中的"串行"而言的，各阶段间其实还是有时间先后的。由于这种方法能够较好地兼顾产品生命周期中的各阶段的需求，并将它们在设计中加以考虑，因此也称为"生命周期工程"。其特点如下：

（1）集成地、并行地设计产品及其相关的各种过程（包括制造与支持）；

（2）要求产品设计人员在开始设计时就考虑产品生命周期中从概念形成到产品报废处理的所有因素。

（3）强调一切设计活动尽早开始，力争一次获得成功，关键是产品及其相关过程设计工作的并行集成。

三、串行工程与并行工程的对比

串行工程与并行工程的对比如下表所示。

串行工程与并行工程的对比

对比项目	并行工程	串行工程
产品质量	较好，在生产前已经注意到产品的制造问题	设计与制造之间沟通不足，导致产品质量无法达到最优
生产成本	由于产品的易制造性提高，成本低	研发成本较低，但制造成本可能较高
生产柔性	适于小批量、多品种、高技术产品	适于大批量、单一品种、低技术产品
产品创新	较快速推出新产品，企业能从产品研发中学习及时修改的方法及创新意识，新产品投放市场快，竞争力强	企业不易获得最新技术，不易了解市场需求变化趋势，不利于产品创新

相关链接

面向产品生命周期各环节的设计方法

并行工程涉及人员管理和产品研发过程管理，下面以 **DFX** 为代表，提供一些技术和方法。

DFX 是 Design for X 的缩写，是指面向产品生命周期各环节的设计，其中 X 代表产品生命周期的某一个环节或特性，它是一种新的设计技术，指设计人员在研发阶段尽可能早地考虑产品的性能、质量、可制造性、可装配性、可测试性、产品服务和价格等因素，对产品进行优化设计或再设计。其中的 Design 不仅仅指产品的设计，也指产品研发过程和系统的设计。

一、DFX 的内涵

DFX 是一种设计方法论，但它本身并不是设计方法，不直接产生设计方案，而是设计评价分析方法，为设计提供依据。

DFX 不仅可用于改进产品本身，而且可用于改进产品相关过程（如装配和加工）和系统。

二、常见的 DFX

常见的 DFX 主要包括以下内容。

DFA（Design for Assembly，面向装配的设计）：针对零件的配合关系进行分析设计，提高装配效率。

DFA（Design for Availability，可用性设计）：保证设备运行时，业务或功能不可用的时间尽可能短。

DFC（Design for Compatibility，兼容性设计）：保证产品符合标准、与其他设备互连互通，以及自身版本升级后的兼容性。

DFC（Design for Compliance，顺从性设计）：产品要符合相关标准、法规、约定，保证市场准入。

DFC（Design for Cost，面向成本的设计）：在满足用户需求的前提下，尽可能地降低产品成本。

DFD（Design for Diagnosibility，可诊断性设计）：提高产品出错时能准确、有效定位故障的能力。

DFD（Design for Disassembly，可拆卸性设计）：产品易于拆卸，方便回收。

DFD（Design for Discard，可丢弃性设计）：用于维修策略设计，部件故障时不维修，直接替换。

DFE（Design for Environment，可环保设计）：减少产品生命周期内对环境的不良影响。

DFE（Design for Extensibility，可扩展性设计）：产品容易新增功能特性或修改现有的功能。

DFEE（Design for Energy Efficiency，能效设计）：有利于降低产品的功耗，提高产品的能效。

DFF（Design for Flexibility，灵活性设计）：设计时考虑架构、接口等方面的灵活性，以适应系统变化。

DFF（Design for Fabrication of the PCB，为 PCB 可制造而进行的设计）：需要满足相关可制造性标准。

DFH（Design for Humanity/ Ergonomics，人性化设计）：强调产品设计应满足人的精神与情感需求。

DFI（Design for Installability，可部署性设计）：有利于提高工程安装、调测、验收的效率。

DFI（Design for International，国际化设计）：能使产品满足国际化的要求。

DFI（Design for Interoperability，互操作性设计）：保证产品与其他相关设备的互连互通。

DFL（Design for Logistics，物流设计）：有利于降低产品包装、运输、清关等物流成本，提升物流效率。

DFM（Design for Maintainability，可维护性设计）：确保高的维护能力、效率。

DFM（Design for Manufacturability，面向制造的设计）：为确保制造阶段能够实现高直通率而开展的设计活动。

DFP（Design for Portability，可移植性设计）：保证系统更容易从一种平台移植到另一种平台。

DFP（Design for Performance，性能设计）：设计时要考虑时延、吞吐率、资源利用率，以提高系统的性能。

DFP（Design for Procurement，可采购性设计）：在满足产品功能与性能的前提下，确保物料采购便捷且成本低。

DFP（Design for Postponement，延迟性设计）：有利于将客户的差异化需求延迟到供应的后端环节来满足。

DFQ（Design for Quality，面向质量的设计）：将质量保证和质量管理融入到产品设计中。

DFR（Design for Recycling，可回收设计）：保证产品易于回收处理。

DFR（Design for Reliability，可靠性设计）：在产品运行期间确保全面满足用户的运行要求，包括减少故障发生、减轻故障发生的影响、故障发生后能尽快恢复。

DFR（Design for Repair，面向维修的设计）：在设计中考虑为产品维修提供相关便利。

DFR（Design for Reusability，可重用性设计）：产品设计／模块能够被后续版本或其他产品使用，提高开发效率。

DFS（Design for Safety，人身安全设计）：在产品设计中考虑产品使用者的人身安全。

DFS（Design for Scalability，可伸缩性设计）：能有效满足系统容量变化的要求。

DFS（Design for Security，安全性设计）：最大限度地降低资产和资源的脆弱性，包括机密性、完整性、可用性、访问控制、认证、防抵赖和隐私保护等方面。

DFS（Design for Serviceability，可服务性设计）：提高系统安装、调测与维护管理能力，提高服务效率。

DFS（Design for Simplicity，简洁化设计）：减少产品零部件，降低复杂度，降低物料、供应、维护成本。

DFSC（Design for Supply Chain，可供应性设计）：提高供应效率和库存周转率，减少交付时间。

DFS（Design for Sustainability，可持续性设计）：可进行可持续的原材料、生产和消费之间的互动。

DFT（Design for Testability，可测试性设计）：在设计阶段将一些特殊设计加入电路中，以便在设计完成后对产品进行测试，以提高产品的故障检测与定位隔离能力。

DFU（Design for Upgradeability，易升级性设计）：产品运行中的升级容易操作。

DFU（Design for Usability，易用性设计）：旨在使客户使用方便，能有效提高效率。

DFV（Design for Variety，可变性设计）：管理产品多样化需求，平衡客户多样性需求和规模供应效益。

在实际产品设计中企业根据实际场景关注主要设计即可。

三、典型的 DFX 方法简介

1. DFA（Design for Assembly，面向装配的设计）

DFA 的原则：

（1）减少零件数；

（2）采用标准紧固件和其他标准零件；

（3）零件的方位保持不变；

（4）采用模块化的部件；

（5）设计可直接插入的零件；

（6）尽量减少调整的需要；

（7）适合自动生产线生产。

2. DFM（Design for Manufacture，面向制造的设计）

这里的制造主要指构成产品的单个零件的冷热变形加工过程。DFM 的目的是减少该类加工的时间与成本，提高加工质量。DFM 的具体原则：

（1）简化零件的形状；

（2）尽量避免切削加工，因为切削加工成本高；

（3）选用便于加工的材料；

（4）尽量设置较大公差；

（5）采用标准件与外购件；

（6）减少不必要的精度要求。

3. DFI（Design for Inspection，面向检验的设计）

（1）着重考虑产品、过程、人的因素，以便提高产品检验的便利性。

（2）加工中的产品检验是为了提供快速精确的加工过程反馈，而维修中的产品检验则是为了快速而准确地确定产品结构或功能的缺陷并及时维修，以保证产品使用的安全。

（3）产品检验的便利性取决于色彩、零件内部可视性、结构等诸多因素。

4. DFR（Design for Repair，面向维修的设计）

售后服务是现代企业非常重视的环节之一。产品的售后服务主要是指产品维修。维修总是伴随着拆卸和重装，产品的维修性主要取决于产品故障确定的容易程度、产品的可拆卸性和可重装性，减少拆卸重装的时间与成本是 DFR 要解决的重要问题。

产品的维修性也取决于产品的可靠性，企业要尽量使容易发生故障的零件处于容易拆卸的位置，从而减少维修时间与成本。

5. DFR（Design for Recycling，面向回收的设计）

当今社会环保问题的严峻性促使产品回收开始成为企业的责任。企业开发产品时，必须将产品回收问题提上日程。

DFR 的重点集中在产品的可拆卸性的提高和材料的选择方面。

产品的可拆卸性取决于零件数、产品结构、拆卸动作种类、拆卸工具种类等因素。

6. DFC（Design for Cost，面向成本的设计）

面向成本的设计（Design for Cost，DFC）和面向费用的设计（Design to Cost，DTC）是不同的。DFC 与 DTC 的不同之处主要在于：DFC 是一种设计方法，DTC 在很大程度上属于管理方法；DFC 主动地运用各种方法降低产品的成本，而 DTC 是一种满足给定的目标成本并符合用户要求的设计。两者的相同之处主要体现在都从设计入手并考虑产品的生命周期成本。从两者对成本的重视程度、对设计的改进和产生的时间顺序看，可以说 DFC 是 DTC 的进一步发展。

7. DFQ（Design for Quality，面向质量的设计）

DFQ 的方法包括质量功能配置、故障模式和效益分析、鲁棒性设计、优化设计、质量信息反馈的有效利用等。

DFQ 的具体原则如下：

（1）产品易于检查；

（2）采用标准件；

（3）采用模块化设计；

（4）图纸标准、清楚、规范；

（5）尺寸公差设置合理。

DFC 的实现需要以下一些关键技术的支持。

（一）基于并行工程的生命周期成本模型

此模型必须能够在产品的不同设计阶段对成本进行相应的估算。

（二）目标成本的确定

目前还缺乏精确的方法对目标成本进行确定，实际中一般是考虑市场、利润、工厂条件和生产批量等因素，利用历史资料进行确定。

（三）与其他 DFX 工具的集成

由于 DFC 是面向产品的整个生命周期的，这就要求它必须能够与其他 DFX 工具协调一致进行工作，即需要建立不同评价标准的协调原则和方法。

（四）设计结果评价和设计建议的生成

这一工作需要在其他 DFX 工具的支持下进行，即不能只考虑成本要素，还要综合考虑其他评价模块提供的评价依据，才能生成合理的设计建议。

（五）成本估算方法

采用不同的成本估算方法可能产生不同的结果，怎样合理地确定成本估算方法是值得研究的问题。一般来说，在并行工程中，由于不同的设计阶段所产生的信息的完整程度不同，所采用的成本估算方法也不同，例如，在设计的初期，可采用参数化估算、神经网络等方法；在详细设计阶段，可采用手册估算、详细估算等方法。此外，生产批量、产品类型、产品生命周期的长短等也是选择估算方法时需要考虑的因素，同时所选方法应该是灵活易用、可靠准确的。

总而言之，为了解决上述关键问题，企业应该综合运用特征建模技术、拟实技术、人工智能技术、成组技术、工业工程技术和信息集成技术等。

四、DFC 的实现方案

针对不同的设计类型有不同的成本估算方法，也就存在不同的 DFC 实现方案。设计是一种创造性行为，但是创造性设计在实际的日常生产中所占比重不大，而变型设计和模块化设计占的比重很大。

（一）成组技术之模型建立

成组技术是指企业将品种繁多的机械零件，按其形状、尺寸、工艺等相似性分类归组，扩大其加工批量，用大量生产的先进技术和设备来进行小批量生产，从而达到提高生产率、降低成本和提高质量的目的，并在设计阶段按相似原则进行标准化，减少零件的品种以利于生产技术和设备的准备并促进生产组织合理化。成组技术在设计、制造、生产管理等方面的应用产生了明显的经济效益，它为并行工程的实施提供了良好的基础。在并行工程中，与产品设计并行的工艺、装配、检验等下游工作都是在产品信息和制造信息不完整的情况下进行的，而以成组技术为基础的设计思想的关键是利用产品的相似性，在原有相似零件和产品的基础上进行适当修改后形成新零件或新产品，而不是"一切从头开始"，这一点有力地支持了并行工程的应用。从线框建模、表面建模、实体建模到特征建模，CAD系统的功能日益完善，在此主要介绍基于成组技术、成组编码技术和特征建模技术的模型。

1. 模型的工作流程

首先，设计人员根据用户要求采用特征建模技术进行零件的设计，然后系统自动对所设计的零件进行成组编码，并根据编码搜索与之相似的零件，若有相似零件，则可按相似的零件估算成本，否则进行成组工艺设计，并根据加工特征估算成本。系统在零件成本估算的基础上对产品成本进行估算，将所得到的成本信息反馈给设计人员。设计人员据此进行设计上的修改，保证既定成本目标的实现。这些工作可以反复进行，直到满意为止。

2. 模型的主要组成模块

模型的主要组成模块如图3-13所示。

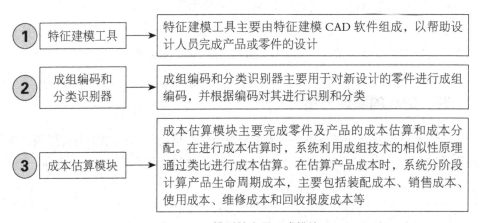

图3-13　模型的主要组成模块

3. 模型的特点说明

此模型利用成组编码技术和特征建模技术实现零件的分类和识别，并根据成组技术估算其成本；在产品成本的估算中考虑了客户使用成本、维修成本和回收报废成本，体现了生命周期成本的概念；而且，在具体计算成本时还选择应用了作业成本计算方法，保证了成本计算的可靠性和科学性。

（二）产品模块化设计

产品模块化设计就是将产品分成几个模块，每一模块都具有独立功能，具有一致的几何连接接口和一致的输入、输出接口的单元，相同种类的模块在产品族中可以重用和互换，相关模块的排列组合就可以形成多种不同功能或相同功能、不同性能的系列产品。

简单来说，产品模块化设计就是要像组装积木一样组合出不同产品。

通过模块的组合配置，企业就可以创建不同的产品，满足客户的定制需求；相似性的重用，可以使整个产品生命周期中的采购、物流、制造和服务资源简化。

1. 模块化设计思想的基本原则

模块化设计思想有两条基本原则：力求以少量的模块组成尽可能多的产品，并在满足客户需求的基础上使产品精度高、性能稳定、结构简单、成本低廉，模块间的联系尽可能简单；模块系列化的目的在于用有限的产品品种和规格，最大限度且经济合理地满足客户的需求。

2. 主要特点

模块化设计可以通过模块的选择和组合构成不同的产品，以满足市场上的不同需求。这是相似性原理在产品功能和结构上的应用。通过模块化设计，我们可以实现标准化与多样化的有机结合，以及多品种、小批量与效率的有效统一，这是模块化设计的主要特点。

3. 模块化设计的应用

如今，模块化设计已经被应用到各个领域。

（1）模块化软件在机器人上的应用。模块化软件能将机器人的各个动作指令如直行、转向、启动关闭电机等模块化，在编写程序的时候，程序员只需将各个指令模块进行组合，即可完成对机器人动作指令的简单编写。

（2）模块化机器人。机器人的模块化，就是将机器人的某些要素组合在一起，构成一个具有特定功能的子系统；再将这个子系统作为通用性的模块与其他子系统进行组合，构成一个完整的机器人，进而产生不同功能或相同功能、不同性能的效果。

机器人的模块化过程有助于机器人的研究和开发。将机器人的各个组成部分分离开来进行研究，可以降低机器人研发的复杂度，使设计、制作、调试和维护等过程简单化、经济化、高效化；同时让各个领域的专家做自己擅长的事情，可以让他们充分发挥各自的专业优势，将自己负责的模块做到最好。

（3）模块化设计在机床行业的应用。模块化机床具有适应性和灵活性强、设计制造周期短、制造成本低等优点，相关产品在市场上具有很强的竞争能力。机床模块化设计的主要方法有横系列模块化设计、跨系列模块化设计、总系列模块化设计及全系列模块化设计。而组合机床和组合夹具则是模块化设计在早期产品中的成功运用。

组合机床实际上是专用机床的模块化应用。对于某些特定工序，通用机床上的某些结构为无用结构，并且在生产效率、加工质量稳定等方面无法满足批量生产的要求。专用机床是针对某一特定产品中某一特定零件加工中的一个或几个加工工序而设计、制造的，可提高自动化程度并保证产品质量。专用机床存在专门设计、单件小批生产、成本高、设计制造周期长等问题，为解决这些问题，组合机床出现了。

组合机床是由通用零件与少量专用零件组合而成的，通用零件是经过事先规划设计并且可成批制造的零件。有关厂家和主管部门已制定了组合机床通用零件的统一标准，当需要一台新的组合机床时，厂家只需设计和制造其中的专用零件，然后与现有的或外购的通用零件组装在一起即可，从而大大地缩短了机床设计和制造周期，降低了成本。因而组合机床在出现以后就获得了迅速的发展和广泛的应用。组合机床的特征是在对专用机床进行分析的基础上，将其具有共性或相似的部分分解出来，再按其功能、尺寸、驱动和运动方式等方面的不同，设计成系列的通用零件，这些通用零件实质上就是可以互换的模块。所以可以说，组合机床是专用机床的模块化应用。

（4）模块化的液压系统。目前，液压系统的设计正朝着集成化、模块化方向发展，其中叠加阀式集成配置形式液压系统是集成化、模块化方式中的一种。叠加阀式集成配置形式液压系统是在集成块和集成板的基础上发展起来的新型液压控制系统。它采用标准化的液压元件，通过螺钉将阀体叠接在一起，组成一个系统。其优点如下：叠加阀在组成系统时，由自身的阀体直接叠合而成，可节省大量油管和管接头；集成模块组成的液压系统结构紧凑、重量轻；由于系统元件之间是无管连接的，消除了因油管、管接头等引起的漏油、振动和噪声等问题；系统元件配置灵活，当工作系统发生变化、需要增加元件时，重新组装方便迅速，系统也易于保养维修；由叠加阀组成的集中供油系统，可大大节约能耗。

五、DFC 的关键过程

DFC 的关键过程如图 3-14 所示。

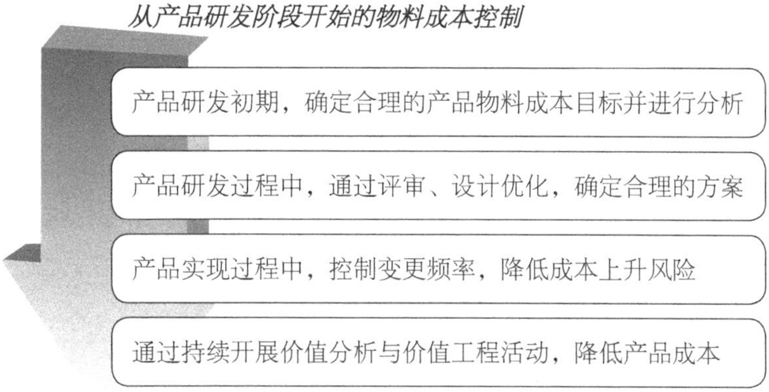

从产品研发阶段开始的物料成本控制

产品研发初期，确定合理的产品物料成本目标并进行分析

产品研发过程中，通过评审、设计优化，确定合理的方案

产品实现过程中，控制变更频率，降低成本上升风险

通过持续开展价值分析与价值工程活动，降低产品成本

图 3-14　DFC 的关键过程

六、DFC 的思路

DFC 的思路如图 3-15 至图 3-18 所示。

产品成本构成与管理　成本设计检查清单　设计对标概述　价值工程实施路径　平台化 / 通用化

DFC	DFC 首先是从功能出发，兼顾客户感知，最终在材料、结构、工艺要求中体现。

成本设计检查清单			
1	这个零件的功能能否用其他方式达到	11	这个零件能否设计为标准零件
2	这个零件的主要功能能否消除	12	这个零件能否借用现有零件（通用化）
3	这个零件的次要功能能否消除	13	对这个零件进行小的改动，能降低用料吗
4	这个零件能否和其他零件组合在一起	14	这个零件的表面处理很重要吗，能否用其他的表面处理方式
5	这个零件是否有较为便宜的替代零件	15	这个零件能否放宽设计要求（尺寸等的要求）以利于制造
6	这个零件能否使用便宜的材料进行生产	16	这个零件是否可以使用密度更低的方案（发泡密度）替代
7	这个零件是否设计为以较便宜的材料进行生产	17	这个零件的性能要求（性能指标）是否过高
8	这个零件所有的功能/特色是否都是必需的	18	这个零件的加工工艺能否替换为铸造、冲压或锻造
9	这个零件能否用标准材料生产	19	改善这个零件的加工方法能否降低成本
10	这个零件的下料和尺寸是否经济（利用率）	20	这个零件所有的螺丝、铆钉和其他紧固件是标准的吗

图 3-15　DFC 的思路（1）

| 产品成本构成与管理 | 成本设计检查清单 | 设计对标概述 | 价值工程实施路径 | 平台化 / 通用化 |

| 设计对标 | 选取恰当的对标对象，有助于设计思路的挖掘和成本控制 |

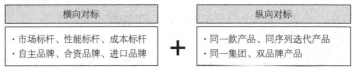

横向对标	纵向对标
·市场标杆、性能标杆、成本标杆 ·自主品牌、合资品牌、进口品牌	·同一款产品、同序列迭代产品 ·同一集团、双品牌产品

图 3-16　DFC 的思路（2）

| 产品成本构成与管理 | 成本设计检查清单 | 设计对标概述 | 价值工程实施路径 | 平台化 / 通用化 |

| 价值工程 | 价值工程就是围绕产品功能，分析和制定合理的实施路径 |

工作步骤		对应的问题
功能定义	（1）对象选择	（1）这是什么
	（2）信息收集	
	（3）功能定义	（2）它有什么用
	（4）功能整理	
功能评价	（5）功能成本分析	（3）它的成本是多少
	（6）功能评价	（4）它的价值是多少
	（7）功能改进对象选择	
制定改善方案	（8）创意	（5）有其他方案实现吗
	（9）方案具体化	（6）新方案的成本是多少
	（10）详细评价	（7）新方案能满足功能要求吗
	（11）提案	

图 3-17　DFC 的思路（3）

| 产品成本构成与管理 | 成本设计检查清单 | 设计对标概述 | 价值工程实施路径 | 平台化 / 通用化 |

| 平台化 / 通用化 | 平台化 / 通用化主要有以下四种实现方式，对产品成本控制有着重要的意义 |

应用方向

零件的系列化　＋　设计共用特征、接口通用化　＋　生产辅具模具共用　＋　生产、总装工艺的一致性

企业有益

有效降低			显著提升		
研发及产业化投资成本	开发风险	产品零件成本和价格	产品质量表现	现有研发成果和资源利用率	技术团队信心

图 3-18　DFC 的思路（4）

第四章

生产成本控制

　　生产成本控制是企业为了降低成本，对各种生产消耗和费用进行引导、限制及监督，使实际成本维持在预定标准成本之内的一系列工作。生产成本控制不仅包括对生产消耗进行控制，还包括对企业的生产组织情况和产品数量进行控制。

第一节　制造企业生产成本概述

产品成本是衡量生产消耗的补偿尺度，企业必须以产品销售收入抵补产品生产过程中的各项支出，才能确定是否盈利。在企业的成本管理中，生产成本控制是一项极其重要的工作。

一、制造企业生产成本的构成

制造企业的生产成本一般包括直接材料费用、直接人工费用、资产折旧费用、燃料/动力费用、制造费用及期间费用六大项目。其中，直接材料费用、直接人工费用、资产折旧费用、燃料/动力费用、制造费用为制造成本，期间费用为企业运营管理成本，下面分别进行介绍。

（一）直接材料费用

直接材料费用是指能构成产品实体或者有助于产品形成的各种原材料及主要材料、辅助材料、外购半成品、包装材料等。

（二）直接人工费用

直接人工费用是指直接从事产品制造的生产工人工资，包括基本工资和工资性质的奖金、津贴、劳保福利费用及各种补贴等。

（三）资产折旧费用

根据《企业所得税法实施条例》第六十条规定，固定资产计算折旧的最低年限如下：

（1）房屋、建筑物，为20年；

（2）火车、轮船、机器、机械和其他生产设备，为10年；

（3）与生产、经营有关的器具、工具、家具等，为5年；

（4）飞机、火车、轮船以外的运输工具，为 4 年；

（5）电子设备，为 3 年。

计算资产折旧时，一般将残值率去除后再计算，残值率一般为 5%（内资企业为 5%，外资企业为 10%）。残值率是固定资产的残值率。残值就是固定资产报废的时候的价值。

比如固定资产的入账价值为 10 000 元，残值率为 5%，那么固定资产报废时的残值就是 500 元。

（四）燃料／动力费用

燃料／动力费用是指机械在运转或施工作业中所耗用的企业自制或外购的固体燃料（如煤炭、木材）、液体燃料（汽油、柴油）、电力、水力和风力等的费用。

企业通常不能很准确地收集燃料／动力费用的相关数据，一般通过成本中心对整体的燃料／动力费用进行分摊或归集。要想准确地计算此费用，企业需要在每个设备上或者成本中心中安装相关计量装置，如电表、燃气表、流量表等。

（五）制造费用

制造费用是指企业为生产产品和提供劳务而发生的各项间接费用，包括工资及工资附加费、折旧费、修理费、机物料消耗、劳动保护费、水电费、办公费、差旅费、季节性和修理期间停工损失及其他不能直接计入产品生产成本的费用。

（六）期间费用

期间费用包括企业销售费用（在销售过程中发生的费用）、管理费用（为满足组织管理生产经营需要而发生的费用）、财务费用（为筹集资金而发生的费用）三大费用，这三大费用作为期间费用，计入发生当月的损益之中。

二、各项成本占比说明

（1）直接材料费用占总成本的 75%～85%。

（2）制造成本包含直接人工费用、资产折旧费用、燃料／动力费用、制造费用等项目，一般占总成本的 12%～22%。

以制造成本为整体，直接人工费用、资产折旧费用、燃料／动力费用、制造费用的占比如图 4-1 所示。

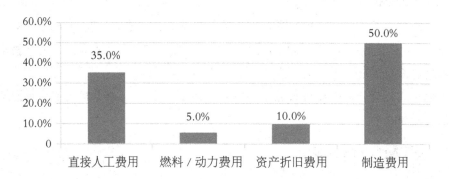

图 4-1　直接人工费用、燃料 / 动力费用、资产折旧费用、制造费用在制造成本中的占比

（3）制造费用按照会计科目一般记为辅助人工费用、低值易耗品费用、运输费、仓储费、其他费用等，各项占比如图 4-2 所示。

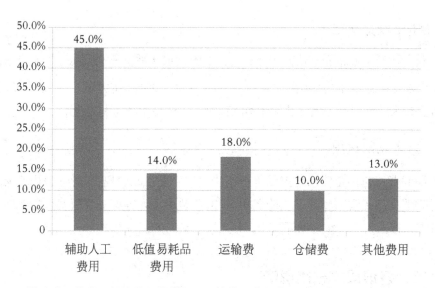

图 4-2　辅助人工费用、低值易耗品费用、运输费、仓储费、其他费用在制造费用中的占比

第二节 材料成本控制

一、物料清单

控制材料成本最基本的工具是物料清单（Bill of Material，BOM）。物料清单由研发部门编制，物料清单的内容包括每种产品在生产时必须要使用的材料，以及每种材料的消耗数量。材料消耗数量需要考虑边角料的消耗、生产报废率和不良品率。

（一）物料清单的组成内容

物料清单的组成内容如下：

（1）产品类别；

（2）产品编号；

（3）产品名称；

（4）材料编号；

（5）材料名称；

（6）材料规格；

（7）度量单位；

（8）标准用量；

（9）材料单价（由财务人员填写）；

（10）材料成本（由财务人员填写）；

（11）制定人；

（12）复核人；

（13）审定人。

物料清单如表4-1所示。

表 4-1 物料清单

名称			产品编号			产品料号			客户料号	
制表部门			使用部门		制表			校对		审核
类别	序号	物料名称	规格及说明			用量	零件位置		备注	
组成1	1									
	2									
	3									
组成2	4									
	5									
	6									
组成3	7									
	8									
	9									
组成4	10									
	11									
	12									
	13									
组成5	14									
	15									
	16									
组装	17									
	18									
	19									
	20									
线材	21									
	22									
	23									
	24									
包装	25									
	26									
	27									
	28									

（二）物料清单涉及的部门

物料清单涉及的部门如表 4-2 所示。

表 4-2　物料清单涉及的部门

序号	部门	用途
1	PMC（Production Material Control, 生产及物料控制）部	根据物料清单统筹安排生产计划
2	采购部	根据物料清单决定采购什么规格的材料，采购多少
3	生产部	根据物料清单决定领用什么规格的材料，领用多少
4	仓库	根据物料清单决定发出什么规格的材料，发出多少
5	品质部	根据物料清单判断什么产品用的是什么规格的材料，消耗数量是否正确
6	财务部	根据物料清单核算材料成本和产品成本

（三）物料清单的变更

物料清单一旦制定就不能随便更改。如果出现设计图纸改变、生产困难、客户要求变更、出现新的替代材料等情况，可以对物料清单进行修改，但是一定要进行书面修改，并及时将修改后的物料清单传达到相关部门。变更物料清单时有以下两种书面通知方式。

（1）直接下发新的物料清单，注意标明生效日期。

（2）使用"材料规格变更通知单"（如表 4-3 所示），并注明以下内容：

①变更原因；

②变更内容及详细说明；

③原有材料的处理方式、用原有材料制成的半成品和产成品的处理方式。

表 4-3　材料规格变更通知单

产品型号/名称		更改通知单号	
申请人		申请日期	
正式执行时间			
一、变更理由（原因）： □客户需求　□产品定义更改　□降低成本　□材料代替　□缺料　□其他			

（续表）

二、变更有效性：
□长期性
□临时性（注明有效日期 / 有效批次）：

三、变更类别：

□轻微更改　　□重要更改　　□致命更改

四、变更内容说明（需要更改的信息/资料）：

五、变更涉及的相关文件：

□功能 / 性能　　□制程工艺　　□检验

六、处理意见/方式：

序号	状态		处理方式	备注
1	库存	原材料		
		半成品		
		产成品		
2	在线	原材料		
		半成品		
		产成品		
3	市场投放			

七、旧版和新版资料（文件）处理要求：

□作废，文件中心收回　　□发布新版本资料

八、文件知会部门：

□PMC 部　　□生产部　　□品质部　　□技术研发部　　□售后服务部　　□财务部

□销售部　　□采购部　　□仓库

部门领导审查意见：

　　　　　　　　　　　　　　　　　审核签名：

　　　　　　　　　　　　　　　　　日期：

（续表）

总经理意见： 审核签名： 日期：				
部门评审意见：				
采购部	销售部	工程部	生产部	仓库

二、购料管理

采购的材料分为专用材料和常用材料，分别采用不同的方法进行管理。

（一）专用材料

只有某一种产品需要的材料叫专用材料。企业通常用以下方法来管理专用材料的采购：

（1）严格按照订单采购；

（2）经常与客户保持沟通，随时了解客户订单减少或增多的情况，以防采购过多或不足。

这样做是为了避免专用材料变成呆滞材料。

（二）常用材料

很多种产品都需要的材料叫常用材料。常用材料的控制方法有设定安全存量、经济订货量和请购点等。

三、建立定额领料制度

企业应建立定额领料制度，并严格执行。

物料清单上通常会写明某个产品需要哪几种材料，每种材料的标准用量是多少。生产部根据物料清单填制"定额领料单"，去仓库分批领料。仓库在发料的同时做相应的记录，控制领料单位、领料人可领用数量，明确领料定额用完后不能再领的原则，从源头上严格控制材料消耗。

　　生产部最好分批进行领料。如果一次领完所有材料，则丢失后的损失更大。而且，有些材料离开了存储环境容易变质、生锈，所以宜分批领用。

　　如果领用的材料已经全部用完，但是产品尚未生产完毕，生产部需要填制"超额领料单"，找相关责任人签字后再去仓库领料。

　　（1）如果物料清单上的标准用量计算有误，生产部应找研发部工程师签字，并修改物料清单。

　　（2）如果是工人操作失误导致用料超额，生产部应找车间主任签字，由车间承担超额消耗材料的成本。车间主任需要对员工进行培训，防止员工错误操作。

　　（3）如果是机床故障造成材料损坏，生产部应找机床维护保养人员签字，并要求他负责。

　　（4）如果是原材料本身的质量差，技术指标不过关，生产部应找采购部负责人签字，并由采购部承担成本责任。

　　生产统计员须在每月月底汇总本月的所有超额领料单，统计超额材料消耗的数量、金额和原因，报给主管生产的领导，并召集相关责任人开会，讨论解决问题的方案。

四、材料消耗定额的制定

（一）材料消耗的分类

　　材料消耗分为两种，如图4-3所示。

工艺性消耗	非工艺性消耗
在下料或加工制造的过程中，由于工艺技术产生的材料消耗就是工艺性消耗，包括下脚料、边角料的消耗	在下料或加工制造的过程中，不是必须发生的材料消耗就是非工艺性消耗，如废品、材料检验、运输不善、保管不善等方面的损耗

图4-3　材料消耗的分类

（二）原材料消耗定额的制定

　　（1）原材料消耗定额的公式如下。

$$原材料消耗定额＝单位零件净重+各种工艺性损耗$$

（2）制定原材料消耗定额的方式有三种，如图4-4所示。

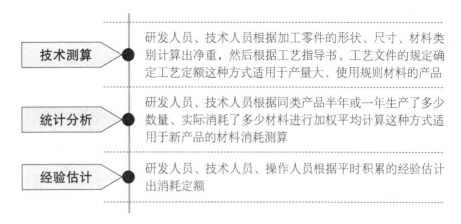

图4-4　制定原材料消耗定额的方式

（三）辅料消耗定额的制定

制定不同辅料消耗定额的方法如图4-5所示。

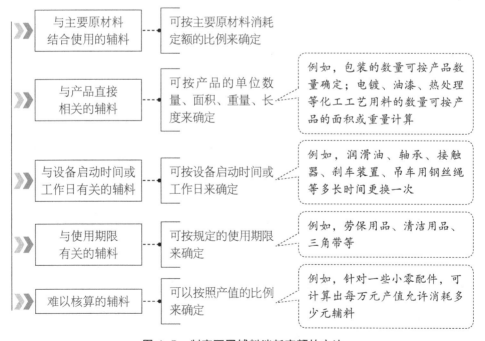

图4-5　制定不同辅料消耗定额的方法

（四）燃料／动力消耗定额的制定

燃料／动力消耗定额直接与产品产量挂钩。例如，每生产100件产品，允许消耗××吨水、××米³天然气、××米³压缩空气等。

（五）工具消耗定额的制定

工具消耗定额根据产品的加工时间、加工数量、工具的使用期限来确定。例如，量具使用3年后报废，钻头使用3 000小时后报废，刀具使用1 000小时后报废。

五、代用材料、边角料管理

在生产过程中，有时会出现以下情况：

（1）研发人员、生产人员通过研究发现有些边角料可以用在某些零件、产品的生产加工上；

（2）研发人员、生产人员通过研究发现有些材料在缺料时可以用其他材料代替。

这时，无论是去仓库领用代用材料，还是利用生产剩余的边角料，都要填写"代用材料申请单"，并将此书面材料送交以下部门。

（1）研发部签字，以保证代用材料不会损害产品质量。

（2）品质部签字，以表明他们知道了这个新情况，在检验时将特别注意利用代用材料、边角料生产出来的产品质量是否符合要求。

（3）仓库不需签字，但是仓库要看到研发部的签字才能提供代用材料。

（4）财务部是否需要签字，要区分以下两种情况。

①使用的是代用材料时，需要财务部签字同意。因为不同材料的生产用途不一样，而一个产品的售价决定了它能够承受的成本。有些代用材料从技术角度可以替代目前使用的材料，但是如果代用材料更加昂贵，从经济角度考虑则不合算，则财务部必须加以限制，不允许使用，不签字同意。生产急需的代用材料需由主管生产的领导签字特批。

②使用的是边角料时，不需要财务部签字同意。因为边角料的成本已经在原先领料的时候计入整体材料的成本里了，不需要重复计算。

但是，无论使用代用材料还是边角料，原有产品的成本必然发生改变，必须及时通知财务部按照新的生产情况核算成本，否则成本就失真了。

六、呆滞材料和呆滞存货管理

呆滞材料有两种，一种是质量好但是目前非生产所需，且不知道什么时候会用上的材料；另一种是生产所需，但买得太多，暂时用不上的囤积材料。呆滞存货是指卖不掉的存货。

（一）预防管理

产生呆滞材料和呆滞存货的原因很复杂，因为企业中很多部门的活动都会影响材料管理。要想减少呆滞材料和呆滞存货，各个部门都要做好自己手头上的工作，各部门的职责如表4-4所示。

表4-4 呆滞材料和呆滞存货的部门职责

序号	部门	职责
1	销售部	（1）做好市场预测和销售计划 （2）搞清楚客户要求的产品规格、技术标准、检验标准、数量、外观包装等，以降低退货、争议的概率 （3）要紧密联系客户，一旦客户要求变更产品规格，应以书面形式告知生产部；一旦客户减少订单，应尽快通知生产部减少备货，通知采购部减少备料
2	研发部	（1）在研发产品时尽量使用标准化的材料，不要使用特殊规格的材料，原因如下：第一，特殊规格的材料贵，采购量小，很难把采购单价降下来；第二，使用特殊规格的材料时，交货期通常比较长 （2）在研发产品时尽量正确无误，提高材料利用率 （3）简化产品设计，尽量用本地材料或国内采购得到的材料 （4）研究代替材料的可行性和本材料的其他用途 （5）制定好标准产品的校正标准，在生产不良品率、报废率方面不要出现模棱两可的标准，避免引起争议
3	采购部	制定管理料源选择、样品核准、进料验收、仓储管理、退货追踪的规则
4	生产部	（1）做好生产计划，保持产销协调。这里要注意两个问题：一是避免销售人员错估市场需求，二是避免为了提高生产效率、摊薄固定成本超量生产 （2）不要一次领太多的材料，以防材料丢失、变质或超量生产产品

（二）呆滞材料和呆滞存货管理

有呆滞材料和呆滞存货的企业应该成立呆料呆货处理小组，给每一种材料和产品设定期限。例如，入库后 ×× 个月没有消耗掉或卖掉就变成呆滞材料和呆滞存货，然后计算存货的库龄，找出呆滞材料和呆滞存货，填在库存盘点表上，分别加以处理，具体处理措施如图 4-6 所示。

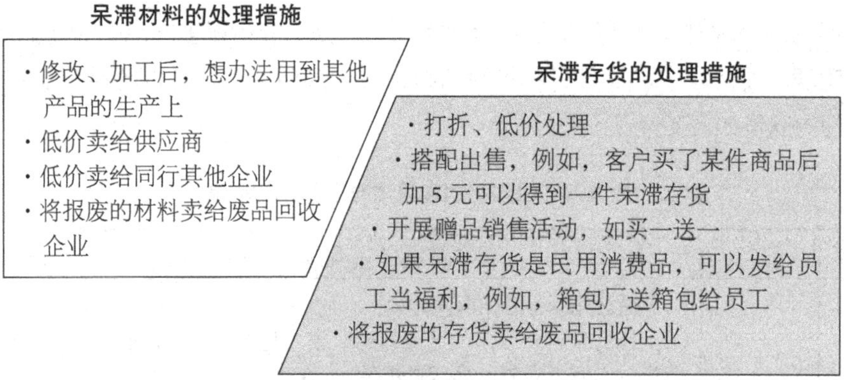

呆滞材料的处理措施

- 修改、加工后，想办法用到其他产品的生产上
- 低价卖给供应商
- 低价卖给同行其他企业
- 将报废的材料卖给废品回收企业

呆滞存货的处理措施

- 打折、低价处理
- 搭配出售，例如，客户买了某件商品后加 5 元可以得到一件呆滞存货
- 开展赠品销售活动，如买一送一
- 如果呆滞存货是民用消费品，可以发给员工当福利，例如，箱包厂送箱包给员工
- 将报废的存货卖给废品回收企业

图 4-6　呆滞材料和呆滞存货的处理措施

第三节　全面生产维护降低成本

一、全面生产维护

全面生产维护是以提高企业的综合素质为目标、以全系统的预防维修为过程、以全体人员参与为基础的设备保养和维修管理体系。它追求生产系统效率的极限（综合效率最大化），力求降低灾害损耗、不良损耗、故障损耗等一切损耗。全面生产维护的具体措施如图 4-7 所示。

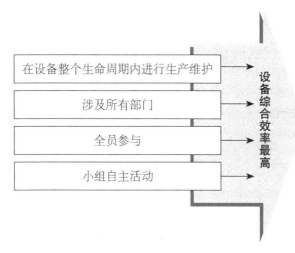

图 4-7　全面生产维护的具体措施

（一）全面生产维护的三个目标

全面生产维护的目标有以下三个：

（1）使每台设备的效率最大化（总体操作效率）；

（2）提供一个针对设备整个生命周期的全面维护系统；

（3）实现零故障、零缺陷、零不良。

（二）生产及预防维护与全面生产维护的关系

全面生产维护建立在生产及预防维护的基础上，其与生产及预防维护的不同之处主要在于其通过操作人员的自主维护（小组活动）达成目标，二者的关系如表 4-5 所示。

表 4-5　生产及预防维护与全面生产维护的关系

	全面生产维护	生产维护	预防维护
经济效益（收益性预防维护）	○	○	○
全面系统（维护预防＋预防性维护＋可维护性改进）	○	○	
操作员自主维护（小组活动）	○		

二、消除六大损失

全面生产维护的目的是消除六大损失，降低设备生命周期成本。六大损失具体如下。

（一）故障停机损失

故障停机损失是指因故障导致停机造成的产品成本和数量的损失。因偶发原因造成的突然的、显著的设备故障通常是明显的且易于维修的，而频繁的或慢性的微小故障则经常被忽略或遗漏。由于偶发性故障在所有故障中占较大比例，所以许多企业都投入了大量时间和精力寻找避免出现这类故障的方法，但要彻底消除偶发性故障还存在很大的困难。而要使设备效率最大化，则必须使故障减少为零。因此，企业首先需要改变认为故障不可避免的传统观点，其次要开展设备的可靠性研究。

（二）换装和调试损失

换装和调试损失是因换装和调试导致停机及产生废品所造成的损失，一般发生在当一种产品生产完成后需生产另一种产品，从而要进行换装和调试的时候。为了达到单一时间内的换装（少于 10 分钟），企业可以通过明确区分内换装时间（在机器停机后才能完成操作）和外换装时间（在机器运转时可以完成操作），以及减少内换装时间来减少整体换装时间。

（三）空闲和暂停损失

空闲和暂停损失是指由于误操作而使设备空闲或暂停而产生的损失。例如，有些工件阻塞滑槽顶端，导致设备空闲；因生产出缺陷产品，传感器报警而关闭设备。很明显，这种设备的停顿与故障停机不一样，因为工人除去阻塞的工件并重新启动设备即可恢复生产。

（四）减速损失

减速损失是实际速度低于设计速度使设备效率低下而产生的损失。企业应当仔细研究，消除设计速度和实际速度之间的差别。设备的实际速度低于设计速度或理想速度的原因有多种，如机械问题、质量缺陷、历史问题或者设备超负荷等。企业应通过揭示潜在的设备缺陷，谨慎提高操作者的速度，从而解决减速损失的问题。

（五）质量损失

质量损失是指在生产过程中由于设备故障导致的质量缺陷和返工而带来的损失。偶然性缺陷很容易通过重调设备至正常状态来消除，而造成慢性缺陷的原因不太容易被发现，常被造成企业遗漏或忽略。

（六）开工损失

开工损失是在生产的初期阶段（从启动设备到稳定生产）产生的损失。这些损失因工序状态的稳定性，设备、夹具和模具的维护水平，操作技能的熟练程度等的不同而有所差异。这项损失较大，而且是潜在的。在实际生产中，产生开工损失被认为是不可避免的，因此企业很少采取措施加以消除。

全面生产维护旨在完全消除这些损失，使全部设备恢复至并持续保持理想状态。

三、全面生产维护的五项活动

（一）系统化改善设备的每个零件

企业可以选择某个与六大损失相关的工序作为改进重点，每次改进一类损失。对于慢性设备问题，企业应进行一次全面的物理分析（PM 分析），通过 PM 分析发现问题产生的原因并逐一消除。

（二）为操作人员建立一个自主维护项目

改变操作人员对设备的看法是实施自主维护的首要目标，企业需对操作人员进行有关如何仔细清理设备并承担责任的培训。自主维护专注于把设备维护在最佳状态，从而避免因故障、减速及质量缺陷引起的损失。这些引起损失的异常情况通常包括润滑不够、由污垢或污染引起的过度磨损、螺栓松动或脱落等。

（三）通过技术培训提升操作与维护技能

对于高效的自主维护及维护部门的预防性与校正性维护来说，通过技术培训提升操作与维护技能是基础。技术培训应该覆盖各类设备的通用部件，理想的情况是操作人员在培训开始前已经参与了一些日常检查与清理工作并加入了设备改进活动小组。

（四）为维护预防及免维护设计成立早期设备管理项目

为维护预防及免维护设计成立早期设备管理项目的目的是使企业朝着免维护设计这个目标努力。早期设备管理项目包括建立设计、测试及反馈系统，而这应贯穿于设备的整个生命周期。

四、自主维护的步骤

自主维护的步骤如图 4-8 所示。

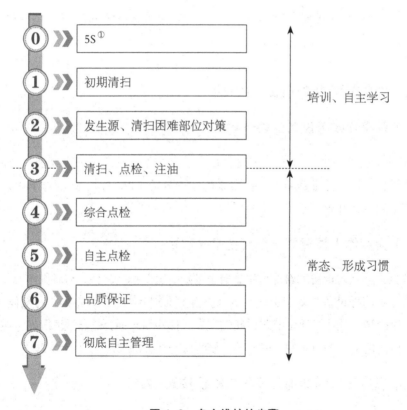

图 4-8　自主维护的步骤

---

① 5S是整理（Seiri）、整顿（Seiton）、清扫（Seiso）、清洁（Seiketsu）和素养（Shitsuke）这五个词的缩写。

五、全面生产维护的关键点

要使全面生产维护获得成功，企业必须注意以下事项。

（1）为了充分体现全面生产维护的潜力，每位工作人员必须改变对设备的看法。只有所有工作人员都明白自己有消除损失的责任，全面生产维护才会成功。

（2）全面生产维护需要整个企业共同努力。管理者必须建立明确的全面生产维护政策及目标，真正鼓励并支持所有人发展这方面的技能。

（3）设备操作与维护最终还要靠人来执行。只有员工明白自己在生产中的真正角色后，才可以开始通过恢复设备并将其维持在最好的状态来消除浪费及损失。

（4）企业应加强对维护人员的技术培训。

（5）企业进行维护识别时一定要做好 5S 管理。

第四节　通过生产线平衡降低成本

一、节拍、瓶颈、空闲时间

要了解什么是生产线平衡，首先要了解什么是节拍、瓶颈、空闲时间。

（一）节拍

流程的节拍是指连续生产相同的两个产品（或两次服务、两批产品）之间的间隔时间，也就是生产一个产品所需的平均时间。

节拍通常只用于定义一个流程中某个具体工序或环节的单位产出时间，如果产品必须成批制作，则指两批产品之间的间隔时间。在流程设计中，如果预先给定了一个流程每天（或其他单位时间段）的产出量，首先需要考虑的就是流程的节拍。

（二）瓶颈

瓶颈是指一个流程中生产节拍最慢的环节。

流程中如果存在瓶颈，不仅会限制该流程的产出速度，还会影响其他环节生产能力的发挥。广义上，瓶颈是指整个流程中制约产出的各种因素。例如，在有些情况下，可利用的人力不足、原材料不能及时到位、某环节设备发生故障、信息流阻滞等都有可能形成瓶颈。一个瓶子的颈部大小决定了液体从中流出的速度，瓶子的颈部小，出水量就小，而生产中的瓶颈则决定了产出速度。因此，在流程设计和日常生产运作中，企业都要重视瓶颈。

（三）空闲时间

空闲时间是指在工作时间内没有执行有效工作任务的时间。

当一个流程中各个工序的节拍不一致时，瓶颈工序以外的其他工序就会产生空闲时间，这就需要企业对生产工艺进行平衡。

二、生产线平衡的重要性

制造业的生产线基本是在进行作业细化之后的多工序、流水化、连续作业生产线。作业细化降低了作业难度，使作业熟练度得到提高，从而提高了作业效率。然而，在作业细化之后，各工序的作业时间在理论上和实际上不可能完全相同，这势必导致工序间作业负荷不均衡的现象。作业负荷高的工序不能按时完成生产任务，作业负荷低的工序却经常停工待料，除了造成工时损失以外，还会造成大量的工件堆积滞留，严重时会造成生产线中断，这种现象通常被称为"瓶颈效应"。

例如，服装制造业从购料、结构样板设计、缩放、考料、漏板、辅料、裁剪、粘衬、分发裁片、缝制、检验整理到包装出厂，整条生产线中的每一个环节都发挥着极其重要的作用。不管哪一个环节发生滞留现象，都有可能造成整条生产线的中断。

为了解决以上问题，企业必须对各工序的作业时间进行平衡，同时要求作业标准化，使生产线能顺畅运作，实现生产线的平衡。

生产线的平衡是生产型企业追求的目标。在生产中，企业通常用平衡率这个量化指标来评价一条生产线的平衡性状况，生产线的平衡率在某种程度上决定了企业设备的利用率和生产线的生产能力。

三、生产线平衡的目的

生产线平衡的目的主要有以下几个，如图4-9所示。

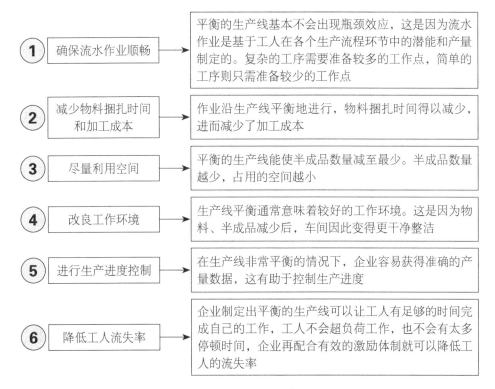

图4-9　生产线平衡的目的

四、生产线平衡的意义

企业实现生产线平衡有以下积极意义：

（1）提高作业人员及设备的工作效率；

（2）降低单件产品的工时消耗，从而降低成本（等同于提高人均产量）；

（3）减少工序中的在制品，真正实现"一个流"（一个流就是一个流生产，即各个工序中只有一个工件在流动，使工序在从毛坯到成品的加工过程中始终处于不停滞、不堆积、不超越的流动状态）；

（4）生产线平衡有利于实现单元生产，提高生产应变能力，满足市场需求，实现柔性生产；

（5）生产线平衡可以提高全员综合素质。

五、生产线平衡率和平衡损失率的计算

要衡量生产线的平衡状态，就必须设定一个定量值，即生产线平衡率或平衡损失率，以百分率表示。在这里要明确的是，虽然各工序时间长短不同，但决定生产线作业周期的工序时间只有一个，即最长工序时间。也就是说，最长工序时间等于节拍。通过另一种计算方法我们同样可以得到节拍，即由每小时平均产量求得一个产品的 CT（Cycle Time，循环时间）是指制造一件产品需要的时间，是生产线上每相邻两个产品产出的时间差。

（1）生产线平衡率的计算公式：

$$平衡率 = \frac{各工序时间总和}{工位数 \times CT} \times 100\%$$

（2）平衡损失率的计算公式：

$$平衡损失率 = 1 - 平衡率$$

六、实现生产线平衡的方法

（一）动作分析

动作分析是在确定工作程序后，研究如何减少甚至消除人体各种动作的浪费，以寻求省力、省时、安全和最经济的动作。其实质是研究、分析人在进行各种操作时的细微动作，删除无效动作，使操作更加简便、有效，从而提高工作效率。

（二）程序分析

程序分析主要以整个生产过程为研究对象，研究分析一个完整的工艺流程，看是否有多余或重复的作业、工序是否合理、搬运是否太多、等待时间是否太长等，以便进一步改善工作程序和工作方法。

（三）操作分析

操作分析是企业通过详细研究以人为主的工序，使操作者、操作对象、操作工具三者得到科学、合理的布置和安排，达到工序结构合理、减轻劳动强度、减少作业时间消耗的要求，以提高产品品质和产量为目的而进行的分析。

（四）正确处理好人、机、环境三大要素间的关系

"人"是指作为工作主体的人（如操作人员或决策人员），"机"是指人所控制的一切对象（如缝纫机、熨斗、计算机等）的总称，"环境"是指人机共处时的特定工作条件（如温度、噪声、震动、有害气体等）。

合理结合的人、机、环境能为实现高平衡率的生产线提供直接的保障。如果没有人员之间、机器之间、人机之间的相互协调与配合，就谈不上"合理"二字，这时就会出现人等人、人等机、机等人和机等机等一系列严重影响生产线平衡的等待性浪费。也就是说，人、机、环境三者之间合理高效的结合能大大减少作业等待时间，提高生产线平衡率和作业效率。

企业可严格按照动作经济原则对每个岗位作业的每个动作进行审查，发现问题则及时纠正，尽可能避免产生瓶颈工序，正确处理好人、机、环境三大要素间的关系，达到生产线的平衡。

七、生产线工艺平衡的改善原则

企业进行生产线工艺平衡的改善时须遵循以下原则。

（1）考虑对瓶颈工序进行作业改善，改善的方法可通过动作分析、工装自动化等方法进行。

（2）将瓶颈工序的作业内容分配给其他工序。

（3）增加参与瓶颈工序的作业人员，只要提高了生产线平衡率，就能提高人均产量，单位产品成本也会随之下降。

（4）合并相关工序，重新排布生产工序，在作业内容较多的情况下，生产线工艺容易达到平衡。

（5）分解作业时间较短的工序，把该工序安排到其他工序中去。

第五节　消除生产中的浪费

企业要消除生产中的浪费，首先必须了解生产现场究竟存在哪些浪费情况。传

统意义上认为材料报废、退货、废弃物等就是浪费，而现在则认为浪费是指所有不增值的活动，包括对时间、成本的浪费。

一、找出浪费

（一）常见的浪费类型及内容

企业中常见的浪费类型及内容如表 4-6 所示。

表 4-6　企业中常见的浪费类型及内容

序号	类型	内容
1	原材料与供应品的浪费	（1）原材料领得太多，多余的原材料未办理退料 （2）原材料放置不正确、排列不整齐 （3）缺乏有效的防止原材料外流或被偷的系统 （4）生产不良时未立即停止生产
2	机械设备和工具的浪费	（1）缺乏工作计划，使机械设备未得到充分利用 （2）未定期进行检查，机械设备未保持在良好的状态 （3）机械设备和工具缺乏必要的保养，存在受潮、生锈等问题 （4）小作业使用大型机械设备，大作业使用小型机械设备 （5）员工缺乏正确的操作知识或缺乏良好的设备操作纪律，滥用机械设备
3	人力资源的浪费	（1）未对员工详细说明工作内容 （2）未根据员工的能力、特长安排岗位 （3）未对下属的进步与个人生活表示关心，随意指责下属的过错和缺点 （4）缺乏标准工时概念，缺乏人员效率管理的数据
4	时间的浪费	（1）缺乏生产作业计划，造成停工待料 （2）工具、原材料等缺乏定置管理 （3）员工有在岗聊天、擅离工作岗位等不良习惯 （4）办公室文件乱放，增加了管理及寻找的时间
5	空间的浪费	（1）原材料及其他物品摆放不合理 （2）不良品、废弃物未及时处理 （3）空余的机械设备占据空间 （4）随意将物品放置在通道上，导致通道不畅

（二）运用 3U MEMO 法使浪费显在化

企业可通过发现存在于工作现场的 3U（Unreasonableness，不合理；Unevenness，不均匀；Uselessness，浪费和无效）现象，即运用 3U MEMO 法（三不原则）使浪费显在化。

（1）运用 3U MEMO 法的目的是消除浪费、改善作业。

（2）运用方法如下。

① 发现问题（不合理、不均匀、浪费和无效）后及时记录。

② 即使没有解决方案也要养成记录的习惯。

③ 有解决方案时将其填入 3U MEMO 表，如表 4-7 所示。

表 4-7　3U MEMO 表

编号：

部门			姓名	
作业内容				
要点	工序		□1. 不合理 □2. 不均匀 □3. 浪费和无效	
日期 略图		问题点		
解决方案		实施日期 略图		
说明事项	成果		与提案的关系	
	金额			

（3）3U MEMO 法的实施步骤如下。

①目不转睛地观察 5 分钟，观察内容如下。

·何事（what）？

·为何（why）？

·何处（where）？

·何时（when）？

·何人（who）？

·何种方法（how）？

②找出作业人员、设备、材料等方面的不合理、不均匀、浪费和无效现象，如表 4-8 所示。

表 4-8　3U 检查表

	作业人员	设备	材料
不合理	（1）作业人员是否太少 （2）作业人员的调配是否适当 （3）能否使作业人员工作得更舒适 （4）工作节奏是否合适 （5）动作是否标准 （6）处理方法有无勉强之处	（1）设备的能力是否良好 （2）设备的精度是否良好	（1）材质、强度是否有不合理之处 （2）是否有难以加工之处 （3）交货日期是否拖延
不均匀	（1）忙与闲的不均情形如何 （2）工作量的不均情形如何 （3）作业人员的差异是否很大 （4）动作的联系是否顺利，有无相互等待的情形	（1）设备的负荷是否均衡 （2）是否有个别设备等待、空闲的情况 （3）生产线是否平衡	（1）材质有无不均匀的现象 （2）材料有无歪曲的现象 （3）材料是否均能充分供应 （4）尺寸、精度的误差是否在允许的范围之内
浪费和无效	（1）有无"等待"的现象 （2）作业空暇是否太多 （3）是否有浪费的情况 （4）工作程序是否合理 （5）人员配置是否适当	（1）设备的转动状态如何 （2）钻模是否被妥善地使用 （3）设备的加工能力（大小、精度）有无浪费之处 （4）设备的平均转动率是否适当	（1）废弃物能否加以利用 （2）材料是否剩余过多 （3）材料有无再度涂饰

二、进行现场改善

找到浪费的情况后，改善人员要运用 IE 手法、QC 手法等与同事共同商讨对策并加以实施。

（一）IE 手法

IE 是 Industrial（工业）、Engineering（工程）两个英文单词的首字母结合。

IE 手法包括方法研究（程序分析、动作分析）、作业测定、布置研究、生产线平衡等。在现场 IE 里，IE 手法包括程序分析、动作分析、搬运分析、动作经济原则、作业测定、布置研究、生产线平衡。

（二）QC 手法

QC 手法有新旧之分。旧的 QC 七大手法指检查表、层别法、柏拉图、因果图、散布图、直方图、管制图。新的 QC 七大手法指关系图法、KJ 法、系统图法、矩阵图法、矩阵数据分析法、PDPC 法（Process Decision Program Chart，过程决策程序图法）、网络图法。

三、从细节上杜绝浪费

除了进行现场改善以外，企业应从设备保养、物品摆放、废物利用、环境整洁等方面，以明确的制度自上而下地从细节上开展杜绝浪费的活动。

（一）落实整理、整顿工作，消除空间上的浪费

（1）彻底落实整理、整顿的工作。

（2）不断进行整理、整顿和检查，清除不需要的物品，重新思考空间布置的合理性，消除空间上的浪费。

（二）科学使用时间，提高工作效率

（1）去除"拿起""放下""清点""搬运"等无附加价值的动作。

（2）避免"寻找""等待"等动作引起的浪费。

（3）制定合理的作业标准和工作标准并严格执行，以提高工作效率。

（三）制定合理的能源或资源使用标准，减少浪费

（1）减少库存量，排除过量生产，避免零件、半成品、成品在库过多。

（2）避免仓库、货架、天棚过剩。

（3）避免卡车、台车、叉车、运输线等搬运工具过剩。

（4）避免购置不必要的机器、设备。

（5）避免出现多余的文具、桌椅等办公设备。

四、对消耗品采取以旧换新的方法

为了杜绝浪费、控制生产成本，企业要特别加强对消耗品的使用管理，提高其使用效率。企业可以采取以旧换新的方法来加以控制。为了能更好地采取以旧换新的方法，企业最好制定以旧换新制度，确定以旧换新的物品范围、责任人员、标准、工作流程及不执行的处罚措施，同时可以用看板的形式将以旧换新的内容公示出来。

五、开展修旧利废活动

修旧利废活动是企业加强管理、减少浪费、降低成本的有效途径。企业要鼓励各车间自主创新、修旧利废并做好记录。同时，为了使这项工作持续进行，企业要制定相应的实施细则，确定修旧利废管理工作的职责、内容、要求及考核与奖励标准。

第六节 加强库存控制

企业控制库存是为了降低成本。如果存货过多，会占用较多的资金，并且会增加仓储费用、保险费用、维护费用、管理人员工资等。企业要从订货点的选择、订货数量的确定，以及货品的分类、验收与储存等方面来降低存储成本和资金占用的机会成本，提高资金周转率。

一、库存的概念及相关观点

（一）库存的概念

库存是仓库中处于暂时停滞状态、等待利用的物料，如现金、货物、产品零件等。人们一般把这些东西的情况列成一个库存数据，以提供参考及随时利用。

这里要明确两点：

（1）物料所停滞的位置不是在生产线上，不是在车间里，也不是在非仓库中的任何位置（如汽车站、火车站等类型的流通节点上），而是在仓库中；

（2）物料的停滞状态可能由任何原因引起。

（二）库存的相关观点

任何企业都有或多或少的库存。即使是号称"零库存"的企业，也只是精确地计划了库存，而不是一点货物都不储存。所以，对于企业而言，库存不宜积压过多，但库存又是必要的。库存会带来以下问题。

（1）产生保管费用。库存本身对企业利益没有任何贡献，还会产生相关的保管费用。

（2）资金周转困难。库存会使企业高额资本（盘存资产）增多，资金周转更困难，从而阻碍企业的积极经营。

（3）产生呆料、废料，造成损失。不适当的库存会因呆料、废料的产生，导致企业收益降低。

库存会掩盖企业因浪费、不平衡生产所造成的各种问题。库存好比一池水，企业的各种问题如沉入池底的石头，只有减少水量，石头才会显现。

（三）库存过多或过少的优缺点

库存过多或过少的优缺点如表4-9所示。

表4-9 库存过多或过少的优缺点

库存过多		库存过少	
资金周转困难	－	资金可活用	＋
库存保管费用高	－	库存保管费用低	＋
一次下单即可大量进货，故下单费用少	＋	下单次数增加，下单费用也增加	
不易缺货	＋	缺货时，易出现工程停滞或客户抱怨的困扰，甚至丧失商业机会	－
材料、物品易损耗变质	－	库存少，少有损耗、变质的情形发生	＋
库存材料、物品较陈旧，无法提供给客户最新产品	－	任何时候都可以提供最新的产品给客户	＋
材料、物品的汰旧换新效率低	－	汰旧换新效率高	＋
需要大量保管空间		保管空间小	＋
出货时，材料、物品的甄别耗时、费力	－	管理起来省时、省力	＋
需借助材料处理机器及保管设备来管理，故费用高		用于材料处理机器及保管设备的花费无须太高	＋
需要大量人员进行保管和作业	－	少数人员即可进行保管、作业	＋

说明：缺点用"－"表示，优点用"＋"表示。

据表4-9可引申出下列结论。

（1）现有库存与其过多，不如少一点比较妥当。

（2）思考如何将库存过少的缺点改善为优点。例如，对于常备材料、固定物品的采购，企业可依年度或定期的采购计划一次下单、分批进料，以便将库存过少的缺点转化为优点。

（3）关于库存过少的另一项缺点——缺货，企业可使用重点管理法（ABC分类管理法），对于急需且重要的物料优先进料，尽量避免缺货。

二、库存控制的观点与作用

库存控制又称库存管理，是对制造业或服务业企业生产经营全过程的各种物品及其他资源进行管理和控制，使其储备保持在经济、合理的水平。

（一）库存控制的观点

1.狭义的观点

狭义的观点认为，库存控制主要是针对仓库的物料进行盘点、数据处理、保管、发放等，采取防腐、温湿度控制等手段达到使保管的实物库存保持最佳状态的目的。这只是库存控制的一种表现形式，又称实物库存控制。

2.广义的观点

广义的观点认为，库存控制是为了达到企业的财务运营目标，特别是现金流运作目标，通过优化整个需求与供应链管理流程，合理制定 ERP 控制策略，并辅以相应的信息处理手段，从而在保证及时交货的前提下尽可能降低库存积压、报废、贬值的风险。

从这个意义上看，实物库存控制仅仅是实现企业财务目标的一种手段，或者仅仅是广义的库存控制中一个必要的环节；从组织功能的角度看，实物库存控制主要是仓储管理部门的责任，而广义的库存控制应该是整个需求与供应链管理部门乃至整个企业的责任。

（二）库存控制的作用

库存控制的作用主要包括在满足企业生产经营需求的前提下，使库存经常保持在合理的水平；动态掌握库存，适时、适量提出订货，可以避免超储或缺货；节省库存占用空间，降低库存保管费用；控制库存占用资金，加速资金周转。

三、库存控制的定位

库存控制是企业整体经营系统中的一个辅助系统，而企业的整体系统与其辅助系统之间有着显著的必然关系。如果辅助系统不能正常发挥其功能，那么整体系统也不能正常发挥其功能。因此，企业有必要对辅助系统加以适当整合。制造企业辅助系统之间的关系如图 4-10 所示。

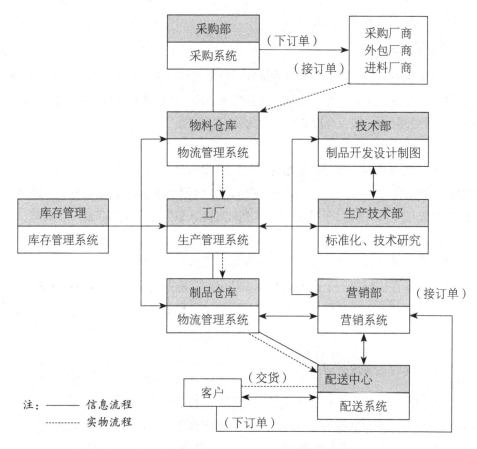

图 4-10 制造企业辅助系统之间的关系

因此，如果库存管理系统与图 4-10 中所示的直接与物料流程连接的各辅助系统不能在接近一致的管理水准下加以整合，库存控制就难以发挥其功能。

四、库存控制的关键问题

（一）何时必须补充库存——订购点的问题

订购点是指当存量降至某一数量时企业应即刻订购补充的点或界限。订购点过早将使库存增加，导致货品的在库成本及空间占用成本增加；订购点太晚则会造成缺货，导致客户流失，影响企业信誉。因此，企业恰到好处地把握订购点非常重要。

（二）必须补充多少库存——订购量的问题

订购量是指当存量已达订购点时，企业决定补充订购的数量。订购量过多，货品的在库成本会增加；订购量太少，货品供应可能会中断，而且会使订购次数增加，从而提高订购成本。

（三）应维持多少库存——存量基准的问题

存量基准包括最低存量与最高存量，如图 4-11 所示。

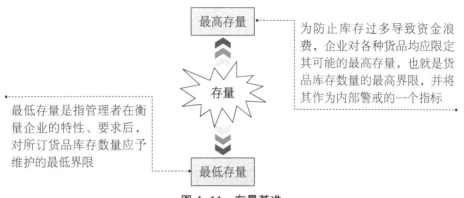

图 4-11　存量基准

因此，一个不容易准确预测也不容易控制库存的物流中心，最好制定各品项的库存上限及库存下限（库存上限即最高存量，库存下限则是最低存量）。同时，物流中心应在计算机中进行设定，一旦发现库存低于库存下限，则发出警示，提醒管理人员准备采购；而一旦发现库存高于库存上限，也要发出警示，提醒管理人员库存过多，要加强销售或举行其他促销、折扣活动。

五、ABC 物料分类法

（一）ABC 物料分类的标准

ABC 物料分类的一般标准：价值占总价值的 65%～80%，品种数占总品种数的 15%～20% 的物料为 A 类；价值占总价值的 15%～20%，品种数占总品种数的 20%～40% 的物料为 B 类；价值占总价值的 5%～15%，品种数点品种数的 40%～65% 的物料为 C 类，具体如图 4-12 所示。

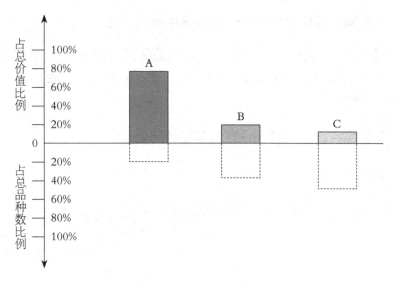

图 4-12　ABC 物料分类标准

（二）ABC 物料分类法的实施

ABC 物料分类法也称按价值分配法，其具体做法是将每一种物料的年用量乘以其单价，然后按价值从大到小进行排列。年用量可以根据历史资料或预测数据来确定。为了更好地反映现状，人们更多地使用预测数据。下面用实例进一步说明如何实施 ABC 物料分类法。

案例

第一步，列出所有物料及其年用量（预测数据），然后将年用量乘以单价求得物料的价值。按价值的高低标明各种物料的大小序号（1 为最大，10 为最小），具体如下表所示。

物料及其用量情况表

物料代码	年用量 / 件	单价 / 元	年费用 / 元	序号
O	250 000	0.08	20 000	4
P	1 000 000	0.12	120 000	2
Q	86 000	0.1	8 600	6

（续表）

物料代码	年用量／件	单价／元	年费用／元	序号
R	500 000	0.06	30 000	3
S	55 000	0.12	6 600	8
T	1 400 000	0.09	126 000	1
U	75 000	0.07	5 250	9
V	250 000	0.08	20 000	5
W	85 000	0.09	7 650	7
X	50 000	0.11	5 500	10

第二步，按序号大小将物料重新排序，具体如下表所示。

物料及费用情况表

物料代码	年使用量／件	单价／元	年费用／元	序号
T	1 400 000	0.09	126 000	1
P	1 000 000	0.12	120 000	2
R	500 000	0.06	30 000	3
V	250 000	0.08	20 000	4
O	250 000	0.08	20 000	5
W	86 000	0.1	8 600	6
U	85 000	0.09	7 650	7
S	55 000	0.12	6 600	8
Q	85 000	0.07	5 950	9
X	50 000	0.11	5 500	10

第三步，对上述表单进行整理，即可得到 ABC 分类汇总表，具体如下表所示。

ABC 分类汇总表

类别	物料代码	种类百分比	每类年费用额	占年费用总额的比例
A	T、P	20%	246 000	70%
B	R、V、O	30%	70 000	20%
C	W、U、S、Q、X	50%	34 300	10%

（三）A、B、C类物料的管理

1.A类物料的管理

A类物料在品种数上占总品种数的15%～20%，但如能得到很好的管理，就等于管理好了消耗总价值65%～80%左右金额的物资。对A类物料的管理应从以下几个方面进行，如图4-13所示。

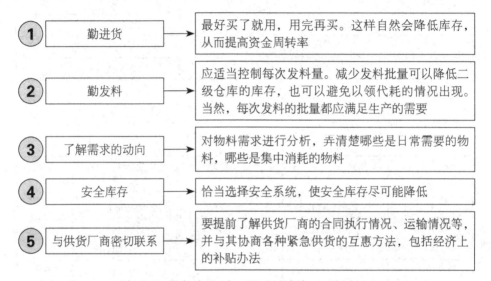

①	勤进货	最好买了就用，用完再买。这样自然会降低库存，从而提高资金周转率
②	勤发料	应适当控制每次发料量。减少发料批量可以降低二级仓库的库存，也可以避免以领代耗的情况出现。当然，每次发料的批量都应满足生产的需要
③	了解需求的动向	对物料需求进行分析，弄清楚哪些是日常需要的物料，哪些是集中消耗的物料
④	安全库存	恰当选择安全系统，使安全库存尽可能降低
⑤	与供货厂商密切联系	要提前了解供货厂商的合同执行情况、运输情况等，并与其协商各种紧急供货的互惠方法，包括经济上的补贴办法

图4-13 A类物料的管理

2.B类物料的管理

B类物料的状况处于A类物料、C类物料之间，其管理方法也介乎A类物料、C类物料的管理方法之间，可采用常规方法管理。

3.C类物料的管理

C类物料与A类物料相反，品种数众多，但价值较低。C类物料品种繁多，如果像A类物料那样一一加以认真管理，则费力不小，经济效益却不高，是不合算的。对于C类物料，企业不应投入过多管理资源，以便集中资源管理A类物料。

至于多年都不发生消耗的物料，已不属于C类物料，而应被视作积压物料。对于这部分物料，除其中某些品种因其特殊作用仍必须保留以外，企业应该进行清仓处理，避免积压。

六、零库存管理

零库存管理可以追溯到 20 世纪六七十年代，丰田汽车实施准时制（JIT）生产，以在生产过程中消除积压的原材料和半成品。这不仅大大降低了生产过程中的库存及资金的积压，而且丰田汽车在实施准时制生产的过程中提高了相关生产活动的管理效率。此后，零库存管理不仅被应用在生产过程中，而且延伸到原材料供应、物流配送、成品销售等环节。

（一）实施零库存管理对物流成本的影响

零库存管理存在于物流供应链系统发挥作用的主要环节，包括采购环节、生产环节、物流配送环节和销售环节等。实施零库存管理的优点和效益、难点及对物流成本的影响，如表 4-10 所示。

表 4-10　实施零库存管理的优点和效益、难点及对物流成本的影响

实施环节	优点和效益	难点及对物流成本的影响
采购环节 （准时制采购）	将原材料库存水平降到最低甚至零，减少原材料库存占用资金，优化应付账款，降低库存管理成本（包括仓库费用、人员费用、呆滞库存损失等）	（1）能够实现企业准时制采购 （2）小批量供应、运输或配送频率高，物流成本高 （3）需和供应商即时交流信息 （4）采用供应商管理库存方式实现零库存，因企业计划、市场变化和产品更新等因素会造成供应商产品积压与报废，影响长久合作
生产环节 （准时制生产）	将生产环节中的在制品和半成品的数量降到最低，减少在制品和半成品库存占用资金	（1）生产设备柔性较大，且更新时投资成本较大 （2）需要改变生产管理模式（看板管理、轮动管理） （3）需建立生产作业软件管理系统
物流配送环节 （准时制配送和协同物流）	在物流和运输中做到一体化协同运作；减少中间仓储和搬运等环节，可将物流成本控制在最低水平	（1）需要在各协作厂商间建立信息交换平台 （2）需要建设配套的物流与配送网络

（续表）

实施环节	优点和效益	难点及对物流成本的影响
销售环节（准时制销售）	按"真实的"订单生产，"消灭"成品库存；或准确预测销量，尽量降低成品库存，从而减少其占用资金，优化应收账款回款；规避成品因市场变化和产品升级换代而产生的降价风险；降低库存管理成本(包括仓库与人员费用、呆滞库存损失等)	（1）按订单式生产的模式会造成客户等待、交货时间延后，丧失某些商业机会；其中，直销模式需建立强大的订单处理和客户服务系统（2）预测式生产的模式对销售终端(不是批发商等中间环节，而是零售商的门店等)的数据采集和分析要求高，以求预测数据尽量接近实际，而这方面的技术和管理成本较高（3）小批量、多频率销售会造成较高的运输或配送等物流成本

（二）实施零库存管理的要点

企业要实现零库存，就必须整顿好管理体制，掌握库存情况，提高库存管理水准，提高库存管理精确度，其要点如图 4-14 所示。

图 4-14 实施零库存管理的要点

1. 把整个企业当作一个资材仓库看待

把整个企业当成一个很大的仓库，准确掌握"进"和"出"。这种方法根据采购部的传票进行物料的入库管理，根据产品的出货传票进行出库管理，只要用入库物料的数量减去出库物料的数量便可掌握库存。它不考虑内部物品的转移，无论是物料，还是在制品，都被当作库存。

如果用电脑进行这种进、出库处理，进行出库部分的扣除时企业需要考虑以下两点。

（1）不要弄错单位的转换。一种产品的物料消耗量不应以个数来计算，而须换算成千克、平方米等单位，然后进行扣除。

（2）应在考虑耗损率之后再扣除。耗损率是因失败发生的损失或因某些特定因素使物料的利用率无法达到100%，这部分如没有预先扣除，会使账面的库存逐渐增加，以致和实际库存不符。

2. 把企业分为资材仓库和产品仓库

生产企业可大致一分为二，"进"是资材仓库，"出"是产品仓库。这样就与资材的补充和接单出货相对应。完成传票是资材的出库传票，同时也是产品的入库传票。有了这个传票，当产品生产完成、被从资材仓库中扣除时，企业要进行产品的入库处理，以进一步提高库存管理的精确度。将半成品及部分零件当作预备库存保管在仓库中时，企业也要在入库时开立入库传票，出库时开立出库传票。

3. 将在制品库存从资材仓库中分离出来

掌握了"进"和"出"之后，企业就要把企业内部整顿好，将整个生产过程当作一个工程，正确地掌握在制品库存。在这个阶段，企业并不是要掌握各工程的在制品，而是要把工程作为一个整体进行管理。当物资从资材仓库向工程转移时，企业一定要开立传票，且必须明确开立传票的责任单位并将流程标准化。

4. 各工序在制品库存的管理

各工序在制品库存的管理是指企业把生产过程分成若干个工序，分别掌握每个工序的在制品库存。

为了掌握在制品库存，企业必须把终端放在现场，以有效的方式收集信息。在这个步骤中，企业要利用一品一张的作业传票实现在制品在工序与工序间的转移。

5. 企业外部在制品库存的管理

在制品库存不仅限于内部，向外订购的物品和在制品库存的性质是一样的。因此，企业要把在制品库存区分为企业内部在制品和企业外部在制品库存两种，以掌握订购的库存。

企业外部在制品库存就按放置场所和供应商类别掌握。这时企业可依据供应商的资材支付传票进行入库，并根据交货时的验收传票进行扣除，以此管理供应商的支付材料库存。

企业也要对提供给供应商的材料加以管理，有偿提供时等于在会计上销售一次，因此应在资产上扣除。这些资材迟早会成为产品的一部分加以回收，在管理上可当作供应商的在制品。

第七节 开展节能降耗活动

一、建立健全能源管理机构

为了落实节能降耗工作，企业必须有相对稳定的节能管理机构，制订节能计划，实施节能措施，并进行节能技术培训。

二、实行节能降耗目标管理

（一）建立节能降耗标准和目标

企业要进行节能降耗，首先要着手制定各项节能降耗标准和目标。

1. 节能降耗标准和目标要解决的问题

（1）使用某一项节能技术或措施到底能够节约多少水、电、气？

（2）使用什么测量仪器？

（3）用什么测量方式？

（4）用什么样的计算模型进行节能效益计算？

（5）如何测量？

（6）如何评估节能效果？

针对这类问题，企业必须建立相应的节能降耗标准和目标。

2. 制定节能降耗标准和目标的依据

（1）企业要参照《综合能耗计算通则》《企业能耗平衡通则》《评价企业合理用电技术导则》《节电措施经济效益计算方法与评价方法》《风机监测标准》《水泵监测标准》等国家和地方的标准。

（2）在横向方面，企业应以本行业中先进企业为参照；在纵向方面，企业应以上年同期实际消耗水平为依据，核算合理的技术改造节约额度，确立年度节能降耗的各项定额目标。

3. 节能降耗标准和目标建立的要求

（1）企业要对涉及能源消耗的项目建立定额手册，按月核减定额目标。

（2）在各项目的节能降耗标准和定额目标制定后，企业还要定期动态地调整定额，使其不断适应企业的需要。

> 节能降耗目标的制定不能太高，也不能太低。目标定得太高则不容易达到，既浪费了人力、财力，又挫伤了员工的积极性；目标定得太低，则不能为企业带来经济效益和社会效益，没有实施价值。

（二）节能降耗目标分解

企业制定节能降耗目标后，要将目标按月、按专业分解落实，要层层分解到基层，使其与经济效益挂钩，让全体员工完成自身的节能降耗分目标，进而完成企业节能降耗的整体目标。

（三）对节能降耗目标的实施过程进行控制

为了保证节能降耗目标的实现，企业需要对节能降耗目标的实施过程进行控制，具体可从以下三个方面进行，如图 4-15 所示。

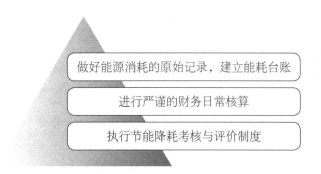

图 4-15　从三个方面对节能降耗目标的实施过程进行控制

1. 做好能源消耗的原始记录，建立能耗台账

（1）企业各个部门应认真做好能源消耗的原始记录，建立能耗台账，如表 4-11、表 4-12 和表 4-13 所示，并按规定向企业报送能耗定额考核情况。

（2）在考核期内出现超定额消耗能源的用能部门，应认真分析超耗原因，并按规定向企业报送超定额消耗能源分析报告，制定整改措施。

表 4-11　能源消耗统计台账

☐ 能耗名称：电　　　　　　费用单位：元　　　　　　　计量单位：千瓦·时
☐ 能耗名称：水　　　　　　费用单位：元　　　　　　　计量单位：米³
☐ 能耗名称：天然气　　　　费用单位：元　　　　　　　计量单位：米³

年度	1月		2月		3月		第一季度小计		4月		5月		6月		第二季度小计		半年小计	
	消耗量	费用	消耗量	费用	消耗量	费用	消耗量	费用	消耗量	费用	消耗量	费用	消耗量	费用	消耗量	费用	消耗量	费用
增减量																		
±%																		

年度	7月		8月		9月		第三季度小计		10月		11月		12月		第四季度小计		全年合计	
	消耗量	费用	消耗量	费用	消耗量	费用	消耗量	费用	消耗量	费用	消耗量	费用	消耗量	费用	消耗量	费用	消耗量	费用
增减量																		
±%																		
备注	增减量为本月、季度、半年、年度消耗量或费用与上一年度相对应本月、季度、半年、年度的消耗量或费用的差，±% 为增减量除以上一年度相对应的消耗量或费用所得的百分比数																	

表4-12 公务用车管理台账

车牌号：		车型：	购车时间：	整车装备质量：		千克	
里程表起始数		年1月1日里程表数：			年12月31日里程表数：		
上半年	第一季度				第二季度		
	1月末	2月末	3月末	小计	4月末	5月末	6月末	小计
里程表数								
行驶里程/千米								
耗油量/升								
百公里耗油量/升								
燃油费/元								
维修费/元								
其他								
下半年	第三季度				第四季度		
	7月末	8月末	9月末	小计	10月末	11月末	12月末	小计
里程表数								
行驶里程/千米								
耗油量/升								
百公里耗油量/升								
燃油费/元								
维修费/元								
其他								
全年里程合计/千米								
全年耗油量合计/升								
全年费用合计/元								
分析说明								

单位（章）：　　　　　　　　　　　车辆管理部门负责人签字：

表4-13　办公用品消耗统计台账

费用单位：元

办公用品名称	消耗情况	1月	2月	3月	……	12月	总计
	消耗数量						
	金额						
	消耗数量						
	金额						
	消耗数量						
	金额						
	消耗数量						
	金额						

合计：_____（金额）

注：办公用品是指按财务会计制度规定不符合固定资产确认标准的日常办公用品及耗材。

2. 进行严谨的财务日常核算

企业要进行严谨的财务日常核算，采用按目标预算与实际支出情况进行对比分析的方法，对能源消耗进行分析、找出差异、寻求解决的办法。

3. 执行节能降耗考核与评价制度

企业要严格执行节能降耗考核与评价制度，以便按照成本分析结果实施奖惩。只有通过严格的考核，各部门才能对节能降耗工作高度重视。

·····【范本】▶▶▶···

工厂节能考核办法

为了加强能源使用管理，培养日常节能习惯，促进节能技术的创新及运用，降低生产成本，特制定本办法。

一、考核范围

1. 一类部门：各生产车间、检验室、仓库、动力车间

一类部门考核节能指标完成情况及日常节能习惯。其中，生产车间的节能指标按产品全年能源单耗考核，检验室、仓库的节能指标按全年总耗电量考核，动力车

间的节能指标按全年总耗电量及蒸汽生产单耗考核。

2. 二类部门：各部门职能办公室

二类部门仅考核日常节能习惯（具体内容见附2：日常节能习惯考核细则）。

二、考核内容、分值及考核频次

1. 一类部门

部门	考核内容	分值	考核频次
生产车间	产品全年能源单耗	80	每年一次，年终考核，每季度公布节能情况，每月记录、公布日常节能习惯检查结果
生产车间	日常节能习惯	20	每年一次，年终考核，每季度公布节能情况，每月记录、公布日常节能习惯检查结果
检验室、仓库	全年总耗电量	80	每年一次，年终考核，每季度公布节能情况，每月记录、公布日常节能习惯检查结果
检验室、仓库	日常节能习惯	20	每年一次，年终考核，每季度公布节能情况，每月记录、公布日常节能习惯检查结果
动力车间	全年总耗电量	70	每年一次，年终考核，每季度公布节能情况，每月记录、公布日常节能习惯检查结果
动力车间	蒸汽生产单耗	10	每年一次，年终考核，每季度公布节能情况，每月记录、公布日常节能习惯检查结果
动力车间	日常节能习惯	20	每年一次，年终考核，每季度公布节能情况，每月记录、公布日常节能习惯检查结果

2. 二类部门

序号	考核内容	分值	考核频次
1	空调使用情况	50	每年一次，年终考核，每月记录、公布节能习惯检查结果
2	其他用电设备（办公设备、照明设备、饮水机等）使用情况	50	每年一次，年终考核，每月记录、公布节能习惯检查结果

三、考核办法

1. 目标确定

（1）指标：设备工程部参照各部门上年度的实际能源消耗情况，于每年1月确定本年度的能源消耗定额（不同部门按单耗或总量确定），并报人力资源部和行政部列入相关责任人年度绩效目标；各责任部门可对指标进行内部分解，如新增生产线、大型设备等，由设备工程部重新核定定额。

（2）责任人：生产车间、检验室、仓库、动力车间的节能责任人为本单位的主管／经理，职能办公室的节能责任人为本办公室的主管／经理。

2. 过程控制

（1）考核情况定期公布，"节能指标"完成情况按季度公布，设备工程部负责于每季度第 1 个月的 15 日前公布上季度完成情况；"节能习惯"由人力资源部和行政部组织检查，设备工程部协助，人力资源部和行政部负责于每月 5 日前公布上月检查情况。

（2）设备工程部负责根据不同的专项要求或不同的季度气候情况，制定具体的节能办法和措施，并负责定期跟踪检查。

（3）各部门的节能责任人负责本部门节能指标和节能措施的落实。

3. 绩效评估

（1）目标完成确定：设备工程部和各考核部门于每年 1 月对各部门上年度的能耗总量进行审计，剔除因新设备引进、产量增大等非技术因素引起的变量，经财务部确认后确定各部门的实际节能额度。

（2）评分标准如下。

一类部门：

序号	考核内容	分值	评分标准
1	节能指标	80	实际能耗量与消耗定额比较： 节约5%以下计80分，节约5%～10%（含5%）计90分，节约10%（含10%）以上计100分 超支5%以下计70分，超支5%～10%（含5%）计60分，超支10%（含10%）以上计50分
2	节能习惯	20	以考核分值为基数，每违规1次扣1分，扣完为止

二类部门：

序号	考核内容	分值	评分标准
1	空调使用情况	50	以考核分值为基数，每违规1次扣5分，扣完为止
2	其他用电设备使用情况	50	

四、考核结果应用

1. 绩效奖惩

节能考核总分按 5 分折算计入节能责任人个人年终绩效考核分，计算公式：

$$绩效考核分 = 节能考核总分 \div 100 \times 5$$

2. 经济奖惩

经审计确定的节能额度，按比例给予责任部门相应金额的奖励或惩罚。

（1）节约 5%～10%（含 5%）奖励节约部分的 10%；节约 10%（含 10%）以上

奖励节约 10% 以上部分的 15%。

（2）超支 5% 以下，扣罚超支部分的 1%；超支 5%～10%（含 5%），扣罚超支 5%～10%（含 5%）部分的 3%；超支 10%（含 10%）以上，扣罚超支 10%（含 10%）以上部分的 5%。

附 1：各部门年度节能指标（略）

附 2：日常节能习惯考核细则

日常节能习惯考核细则

一、空调

1. 室温低于 25 摄氏度时不得开启空调，开启空调时温度不能设定在 25 摄氏度以下。

2. 不得在开启空调的同时打开门窗。

3. 下班或离开办公室 30 分钟以上时须关闭空调。

4. 3 天以上不使用空调须断开电源。

二、其他用电设备

1. 当人员离开办公场所时须关闭照明灯具。

2. 除阳光直照以外，上班时间须拉开窗帘。如自然光已满足工作要求，须关闭或减少照明灯具。白天光线足够时，走廊、厕所等公共场所的照明灯具须关闭或即用即关，杜绝长明灯。

3. 下班后须关闭电脑主机、显示器、打印机、照明灯、复印机、饮水机等设备的电源。

4. 办公设备停用 3 天以上时须断开电源。

三、水

1. 使用完毕后及时关闭阀门，杜绝长流水。

2. 选择合适水量，避免暴冲浪费。

3. 发现阀门或管道故障及时报修。

四、蒸汽

1. 使用蒸汽前，需开启旁通阀排出管内余水并及时关闭。蒸汽加热设备在使用过程中，疏水器会将管内余水自动排出，无需再开启旁通阀。

2. 使用蒸汽时，应先开启蒸汽阀门将进汽压力控制在 0.3～0.58 兆帕。

3.每班使用蒸汽完毕后，应及时关闭蒸汽进汽阀门并开启旁通阀排出管内余水、余汽后，关闭旁通阀。

4.各班组用汽完毕后，应及时通知锅炉房停止送汽。

五、冷冻水

1.各生产车间应根据不同的产品要求或不同的季度气候情况合理确定供冷温度。

2.各车间用冷完毕后，应及时通知冷冻站停止供冷。

三、从员工节能抓起

企业要实现节能目标，还要依靠企业文化的力量。企业可以将节能管理与员工的收入直接挂钩，制定奖惩制度，提高员工节能的自觉性和积极性；加强日常管理，完善规章制度，防止不必要的浪费；对员工进行节能降耗教育，培养员工的节能降耗意识，强化节能降耗的意义和重要性。

四、采用先进的技术成果节约能源

企业在工程设计或工程改造中要选用先进的节能型设备，特别是耗能较大的设备，因为一旦投入使用再想改造难度会很大。在已投入使用的情况下，企业要有计划地逐步使用新材料、新工艺和新技术，通过不断地进行技术革新降低能源的消耗量。

（一）节约用水

（1）员工浴室应采用节水开关。

（2）在保证能将污物冲干净的前提下减少马桶水箱的储水量，做好蒸汽冷凝水的回收工作。

（3）采用磁芯快开水嘴或感应器控制的节能式水龙头或混水器。

（二）节约用电

（1）采用高效的节能灯代替白炽灯。

（2）采用光控技术和时钟继电器控制室外照明灯的开关。

（3）三相水泵电动机安装变频器。

（4）严格控制制冷机的开放，尽量利用室外新风。

（5）做好空调冷冻水的管道保温，减少冷量损失。

（6）确保空调自动调节控制设备的灵敏、有效和可靠，以减少冷（热）量的浪费。

（三）节约天然气

（1）调整好锅炉的气门和风门，使其处于最佳燃烧状态，降低天然气的消耗量。

（2）调整好灶台的风、气配比，减少天然气浪费。

（3）控制好生活用水和空调采暖用水的供水温度，因为水温越高，热量损失越大。

（4）做好蒸汽管道和热水管道的保温，减少热量的损失。

（5）搞好蒸汽冷凝水回收工作，节约天然气。

第五章

采购成本控制

采购成本指与采购原材料相关的成本，包括采购订单费用、采购计划制订人员的管理费用、采购人员管理费用等。控制采购成本对于企业提高利润至关重要。一般来说，采购成本占制造业总成本的60%～80%。因此，控制与削减采购成本是控制制造业成本的核心环节。

第一节　采购成本分析

关于采购成本，一般有以下两种观点。

（1）采购支出成本观：采购成本＝采购支出－采购价格。

（2）采购价格成本观：采购成本＝采购价格。

一、采购支出成本观

业界对以上两种有关采购成本的观点一直存在争议，本书先从第一种观点说起。在该观点中，采购成本是指与采购原材料、采购管理活动相关的费用（即产品在空间位移过程中的所耗费各种资源的货币表现，是物品在实物运动过程中的各个环节所产生的人力、财力、物力支出的总和），包括采购订单费用、采购计划制订人员的管理费用、采购人员管理费用等，但不包括采购价格。该观点主张找出采购过程中的浪费环节，以便找到削减采购成本的途径。

在该观点中，采购成本通常包括物料维持成本、订购管理成本及采购不当导致的间接成本，如图 5-1 所示。

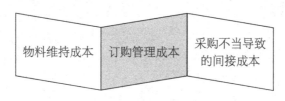

图 5-1　采购支出成本观下采购成本的主要内容

（一）物料维持成本

物料维持成本是指为维持物料而产生的成本，可以分为固定成本和变动成本。

（1）固定成本与采购数量无关，如仓库折旧、仓库员工的固定工资等。

（2）变动成本则与采购数量有关，如物料资金的应计利息、物料的破损和变质损失、物料的保险费用等。

物料维持成本的具体项目如图 5-2 所示。

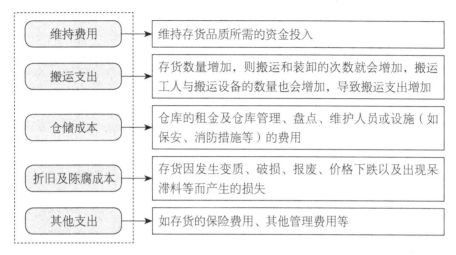

图 5-2　物料维持成本的具体项目

（二）订购管理成本

订购管理成本是指企业为了完成采购活动而产生的各种费用，如办公费用、差旅费用、通信费用、快递费用等。

具体地说，订购管理成本包括以下项目，如图 5-3 所示。

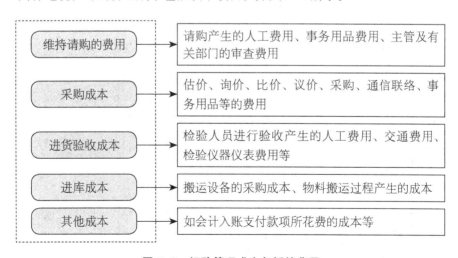

图 5-3　订购管理成本包括的费用

（三）采购不当导致的间接成本

采购不当导致的间接成本是指由于采购中断或者采购过早而造成的损失，包括停工待料损失、延迟发货损失、丧失销售机会损失和商誉损失。这不仅会导致客户流失，还可能对企业造成间接或长期损失。

采购不当导致的间接成本可以分为以下五种，如图 5-4 所示。

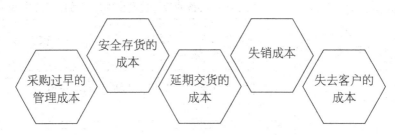

图 5-4　采购不当导致的间接成本

1. 采购过早的管理成本

采购过早会增加企业的物料管理费用，如用于管理的人工费用、库存费用、搬运费用等。如果客户取消订单，过早采购的物料有可能形成呆滞物料。

2. 安全存货的成本

许多企业都会保有一定数量的安全存货，即缓冲存货，因为物料在需求或提前期方面具有不确定性。这方面的难点在于确定何时需要及保有多少安全存货，因为存货太多有可能导致库存过剩，而安全存货不足则有可能导致断料、缺货或失销。

3. 延期交货的成本

延期交货的补救措施有两种：在下次订货中补充所缺货物，利用快速通道运送延期货物。

（1）出现延期交货情况时，如果客户愿意等到下一个周期收货，那么企业实际上没有什么损失；但如果企业经常延期交货，客户就可能会流失。

（2）利用快速通道运送延期货物则会发生特殊订单处理费用和送货费用，这类费用相对于按常规方式补充的普通订单处理费用和送货费用要高。

4. 失销成本

尽管一些客户可以接受延期交货，但延期交货还是会导致一些客户流失。在这种情况下，缺货就会导致失销，企业的直接损失是失销货物的利润损失。除了利润损失，当初负责这笔业务的销售人员的人力、精力也浪费了，即产生机会损失。

而且，有时候企业很难确定失销总量。例如，许多客户习惯通过电话订货，在这种情况下，客户只是询问是否有货，而未指出要订多少货。如果这种产品缺货，那么客户就不会说明需要多少，企业就不知道损失的总量，也就很难估计一次缺货对未来销售的影响。

5. 失去客户的成本

缺货可能使客户转向另一家企业。如果失去了客户，企业也就失去了一系列收入。除了利润损失，还有因缺货造成的信誉损失。信誉很难度量，因此在采购成本控制中常被忽略，但它对产品的未来销售及企业的经营活动非常重要。

二、采购价格成本观

在企业内部，许多采购人员认为"采购成本＝采购价格"。尽管一些企业经营者不太认同这种观点，但这种观点对采购人员执行采购任务有不可估量的意义。

采购价格即采购产品购入价格，由供应商的产品制造成本与供应商的目标利润决定，即：

采购产品购入价格＝供应商的产品制造成本+供应商的目标利润

（一）供应商的产品制造成本

供应商的产品制造成本包括供应商的原料费用、人工费用、制造费用三个部分，如图 5-5 所示。

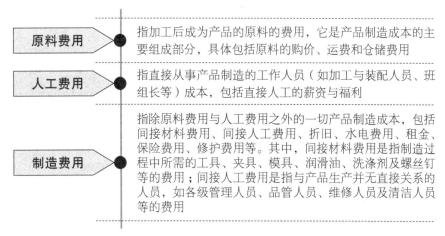

原料费用	指加工后成为产品的原料的费用，它是产品制造成本的主要组成部分，具体包括原料的购价、运费和仓储费用
人工费用	指直接从事产品制造的工作人员（如加工与装配人员、班组长等）成本，包括直接人工的薪资与福利
制造费用	指除原料费用与人工费用之外的一切产品制造成本，包括间接材料费用、间接人工费用、折旧、水电费用、租金、保险费用、修护费用等。其中，间接材料费用是指制造过程中所需的工具、夹具、模具、润滑油、洗涤剂及螺丝钉等的费用；间接人工费用是指与产品生产并无直接关系的人员，如各级管理人员、品管人员、维修人员及清洁人员等的费用

图 5-5　供应商的产品制造成本

（二）供应商的目标利润

利润即企业销售产品的收入扣除成本和税金以后的余额。虽然供应商成本是固定的，但目标利润是灵活的。供应商的目标是尽量提高销售价格以获得更多的利润。对于采购人员来说，为了降低采购成本，应尽量压缩供应商的利润空间。因此，供应商的利润空间成为双方争夺的焦点，如图5-6所示。

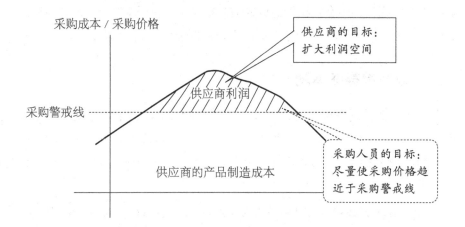

图5-6　供应商利润空间构成

第二节　采购成本控制的基础工作

采购工作涉及面广，而且主要是和本企业之外的人及机构打交道。如果企业不制定严格的采购制度和程序，不仅采购工作无章可依，还会给采购人员提供暗箱操作的机会。因此，企业一定要做好采购成本控制的基础工作。完善采购成本控制的基础工作时，企业要注意以下四个方面。

一、建立严格、完善的采购制度

建立严格、完善的采购制度，不仅能规范企业的采购活动、提高采购效率、杜绝部门之间产生矛盾，还能预防采购人员的不良行为。采购制度应规定物料采购的申请流程、授权人的权限、物料采购流程、相关部门的责任和关系、各种物料采购的方法、报价和价格审批等内容。例如，企业可在采购制度中规定采购人员采购物料时要向供应商询价、列表比价，选择供应商后要把所选的供应商及其报价填在请购单上；还可规定超过一定金额的采购须附三个以上的书面报价等，以供财务部或内部审计部门稽核。

二、建立供应商档案和准入制度

对于正式合作的供应商，企业应建立档案。供应商档案中除了有供应商的编号、详细的联系方式之外，还应有付款条件、交货条款、交货期限、品质评级、银行账号等，每一份供应商档案应经过严格的审核才能归档。企业采购时必须选择已归档的供应商，供应商档案应定期或不定期地更新并由专人管理。同时，企业要建立供应商准入制度，提供重点物料的供应商必须经质检、物料、财务等部门联合考核后才能被建档。如有可能，企业可到供应商的生产地进行实地考核。同时，企业要制定严格的考核程序和指标，要对考核的问题逐一评分。只有达到或超过评分标准者，才能成为归档供应商。

三、建立价格档案和价格评价体系

企业采购部要对所有采购物料建立价格档案，对于每一批采购物料的报价，应首先与归档的物料价格进行比较，分析产生价格差异的原因。如无特殊原因，原则上采的价格不能超过档案中的价格，否则要做出详细的说明。对于重点物料的价格，要建立价格评价体系，由企业有关部门组成价格评价组，定期收集有关的供应价格信息，分析、评价现有的价格，并对归档的价格档案进行评价和更新。这种评价视情况可以在每季度或每半年进行一次。

四、制定物料的标准采购价格，根据工作业绩对采购人员进行奖惩

对于重点监控的物料，财务部应根据市场变化和产品标准成本定期制定出标准采购价格，促使采购人员积极寻找货源，通过货比三家，不断地降低采购成本。标准采购价格也可与价格评价体系结合起来实施。企业可提出奖惩措施，对完成降低

采购成本任务的采购人员进行奖励，对没有完成降低采购成本任务的采购人员进行原因分析并确定惩罚措施。

第三节　实现采购成本控制方法

一、VA / VE分析

实现采购成本控制可以从两个方面入手：优化采购支出和降低采购价格。

一些企业已经总结出了一套实现采购成本控制的方法，具体说明如表5-1所示。

表5-1　实现采购成本控制的方法

序号	方法	说明
1	价值分析（Value Analysis，VA）	价值分析着重于功能分析，力求用最低的生命周期成本可靠地实现必要功能的有组织的创造性活动。价值分析中的"价值"反映的是实现产品或服务的功能与其投入成本之间的比例，用数学公式表示：价值 = 功能 ÷ 成本
2	价值工程（Value Engineering，VE）	价值工程是指通过集体智慧和有组织的活动对产品或服务进行功能分析，目标是以最低的总成本（生命周期成本）可靠地实现产品或服务的必要功能，从而提高产品或服务的价值。价值工程主要是针对产品或服务的功能加以研究，以最低的生命周期成本，通过剔除、简化、变更、替代等方法来达到降低成本的目的
3	谈判（Negotiation）	谈判是买卖双方为了各自目标的达成而进行彼此认同的协商过程，谈判能力是采购人员应具备的基本能力。谈判并不只限于价格方面，也适用于某些特定需求。采购人员使用谈判的方式，通常能使价格降低的幅度达到3%～5%。如果希望获得更大的降幅，采购人员则需运用价格／成本分析、价值分析与价值工程等方法
4	目标成本（Target Costing，TC）法	目标成本法是以给定的竞争价格为基础决定产品的成本，以保证实现预期的利润的方法。企业首先要确定客户会为产品（服务）支付多少钱，再设计能够产生期望利润水平的产品（服务）

序号	方法	说明
5	早期供应商参与（Early Supplier Involvement，ESI）	在产品设计初期，让具有合作关系的供应商参与新产品的开发；新产品开发小组则能借助供应商的专业知识来达到降低成本的目的
6	杠杆采购（Leveraging Purchases，LP）	这是集中各事业单位或不同部门的需求量，扩大采购量并增加议价空间的方式。这种方式可避免组织内不同事业单位向同一家供应商采购相同零件却价格不同，且彼此不知晓的情形
7	联合采购（Consortium Purchasing，CP）	这主要指非营利事业单位的采购，如医院、学校等，这类单位统合其采购需求量后往往能获得较好的折扣。这种方法也被应用于一般商业活动之中，应运而生的新兴行业有第三者采购，专门为MRO（Maintenance, Repair & Operations，用于维护、维修、运行设备的物料和服务）需求量不大的企业、单位提供服务
8	为便利采购而设计（Design for Purchase，DFP）	在产品设计阶段，企业可利用外协厂商的标准制程与技术，以及使用工业标准零件，以方便物料的取得。如此一来，企业不仅大大降低技术难度，也能降低生产所需的成本
9	价格与成本分析（Cost and Price Analysis，CPA）	这是专业采购的基本工具。借助这个工具采购人员可以了解成本结构的基本要素，这对采购人员来说非常重要。如果采购人员不了解所买物品的成本结构，就不能了解所买物品的价格是否公平合理，同时也会失去许多降低采购成本的机会
10	标准化（Standardization）	标准化就是使所采购物品的规格标准化，企业可对不同的产品专案、夹具或零件使用共同的设计／规格，通过规模经济量达到降低成本的目的

（一）VA／VE

VA/VE是指价值分析（Value Analysis，VA）和价值工程（Value Engineering，VE）。

1.价值分析

（1）价值是指所采购的产品对企业的价值，即以最低的成本在理想的地点、时间发挥出产品的功能。

（2）价值理论公式为：

$$V = \frac{F}{C}$$

F——Function，功能重要性系数；

C——Cost，成本系数；

V——Value，功能价值系数。

例如，电视机厂家在生产电视机配件螺丝时，可选择的种类有铁螺丝和铜螺丝。其中，铁螺丝的成本为 0.2 元，而铜螺丝的成本为 0.3 元，但两者的功能相同。所以，从价值角度出发，该电视机厂家最好选择铁螺丝。

（3）价值分析目的。

对于采购而言，价值分析的目的是寻求成本最小化和追求价值最大化。

2. 价值工程

价值工程的工作原理是通过对采购的产品或服务的功能加以研究，以最低的生命周期成本，通过剔除、简化、变更、替代等方法来达到降低成本的目的。由于采购产品在设计、制造、采购的过程中存在许多无用成本，因此价值工程的目的就是消除无用成本，具体内容如图 5-7 所示。

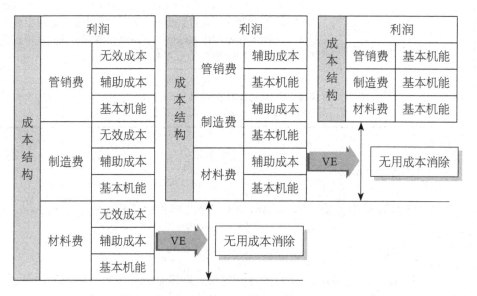

图 5-7　利用价值工程消除无用成本

价值分析适用于新产品研发阶段，而价值工程则是针对现有产品的功能 / 成本做系统化的研究与分析，但目前价值分析与价值工程常被视作同一概念使用。

（二）进行价值分析的步骤

1.选择分析对象

通常情况下，采购的产品越复杂，成本也就越高，因此也最值得改善。企业在选择改善的对象时，应将产品的主件与配件总和按价值的高低排序，从中选取最值得改善的产品。

对于企业来说，可选择的分析对象如下：

（1）采购数量较多的产品；

（2）采购价值较大的产品；

（3）对企业影响较大的产品；

（4）成本消耗较多的产品。

2.分析功能

分析产品的功能主要是为了针对功能选择能被替代的配件。

3.收集资料

收集采购产品或服务的资料主要包括采购产品或服务的制造成本、品质、制造方法、产量、发展情况等。

4.提出改善方法

改善方法主要包括剔除、简化、变更、替代等，具体运用说明如下。

（1）剔除多余采购运输方法。例如，在采购过程中考虑用人力运输与用车运输的价值分析比较。

（2）通过采购价值分析简化采购谈判的环节。例如，在采购过程中，采购谈判通常是一个必不可少的环节，但在分析产品价值时，对于一件不急需且价格低廉的配件就不需要进行采购谈判。

案例

"规模效益"被一些企业经营者津津乐道，他们认为扩大生产是增加利润的最好方法。

例如：

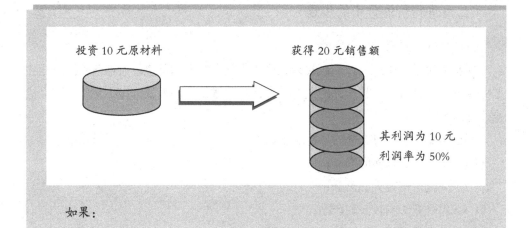

如果：

答案是无法肯定的。一方面销售市场存在不确定性；另一方面，原材料的增加，必然造成制造成本的增加。

如果：投入的制造成本为20元。

那么：获得的40元销售额就没有任何意义了。

如果：投入的制造成本为10元。

那么：获得的40元销售额减去20元的原材料成本和10元的制造成本，其利润也不过10元而已。也就是说，增加的10元原材料投资为无用功。

以上实例说明，在实施采购前对采购产品或服务进行价值评估是非常重要的。

二、产品生命周期成本分析

产品需要经历导入、成长、成熟和衰退的过程，因为这个过程就像生物的生命历程一样，所以称为产品生命周期。产品生命周期就是产品从进入市场到退出市场所经历的市场生命循环过程，进入市场和退出市场标志着产品生命周期的开始和结束。

（一）产品生命周期的四个阶段

产品生命周期一般可以分成导入期、成长期、成熟期和衰退期四个阶段，具体说明如表 5-2 所示。采购人员在采购产品时，只有把握住产品生命周期的四个阶段才能降低采购成本。

表 5-2　产品生命周期的四个阶段

序号	阶段	说明
1	导入期	新产品被投入市场时便进入了导入期。在此阶段，产品生产批量小、制造成本高、广告费用多、产品销售价格偏高、销售量有限。因此，对于零售业采购人员来说，必须把握好采购时机
2	成长期	当产品进入成本期时，就进入了需求增长阶段，需求量和销售额会迅速上升，生产成本会大幅度下降，价格也会降低。采购人员可以在一定情况下降低采购成本
3	成熟期	随着购买人数的增多，市场需求趋于饱和，产品便进入了成熟期。销售增长速度放缓直至转为下降，利润也随着竞争的加剧而减少。采购人员是否采购需要视情况而定
4	衰退期	随着科技的发展、新产品和替代品的出现，产品进入了衰退期。产品的需求量和销售量迅速下降，此时成本较高的企业就会由于无利可图而陆续停止生产，该类产品的生命周期也就基本结束。如果采购产品是末代产品，对于零售业采购人员来说，必须谨慎采购

产品生命周期曲线如图 5-8 所示。

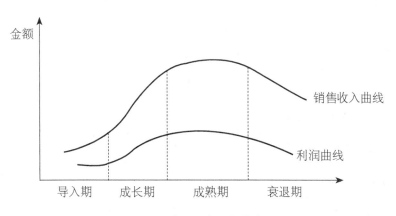

图 5-8　产品生命周期曲线

（二）产品生命周期对采购成本的影响

产品所处的生命周期不同，固有成本也不同。这里的固有成本一般是指市场价格，产品所处的阶段不同，市场价格也不同。除了市场价格的影响以外，采购人员还必须考虑到产品后续的维护成本。如果采购产品的维护成本过高，采购人员则必须选择产品生命周期成本最低者。

因此，产品生命周期决定产品的价格，而产品的价格决定产品采购成本周期，产品采购成本周期曲线如图 5-9 所示。

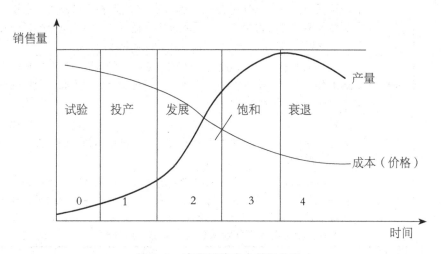

图 5-9　产品采购成本周期曲线

案例1

　　某超市采购B号日用品。B号日用品为刚上市的日用品，此时进货价为5元，售价为8元，该批定量为100件。

　　因此，在该次交易中，该超市获利300元。

　　总结：单件产品除去5元的成本，可以赚取3元。

　　该超市采购人员发现该产品处于市场高峰期，于是决定购入100件，此时进价为4元，售价为6元。在该次交易中，该超市获利200元。

　　总结：单件产品除去4元的成本，可以赚取2元。

　　该产品一旦进入衰退期，进价仅为2元，售价也为2元。该超市采购人员还需要考虑购入100件吗？

　　总结：单件产品除去2元的成本，可以赚取0元。

案例2

A公司为提高机械化水平，决定引进大型建筑设备。该设备最近才投入市场，此时市场价格为20万元。一年后，B公司看到A公司的设备，也决定购买该设备，而此时该设备的价格已降为15万元。

由于A公司比B公司提前一年使用该设备，因此A公司经过统计发现该设备为企业创利5万元。后来，两公司在核算成本时发现，该设备的维护费用非常高，每年几乎要耗去2万元。

最终统计结果：A公司两年间用于设备的支出是，20万元+4万元=24万元；两年间A公司使用设备后的收入为10万元；B公司用于设备的支出是15万元+2万元=17万元，B公司使用设备的收入为5万元。

总结：由于B公司比A公司晚一年采购设备，B公司节约了2万元成本。

以上实例说明，在实施采购前对采购产品进行产品生命周期分析是非常必要的。

（三）产品所处生命周期的判定

正确判定产品处于生命周期的哪个阶段，对于企业制定相应的采购策略非常重要。企业最常用的判定产品生命周期阶段的方法有以下两种。

1. 类比法

类比法是根据以往市场类似产品生命周期变化的资料判断产品处于生命周期的哪个阶段。例如，A产品与B产品属于类似产品，用A产品所处的生命周期来确定B产品所处的生命周期，如图5-10所示。

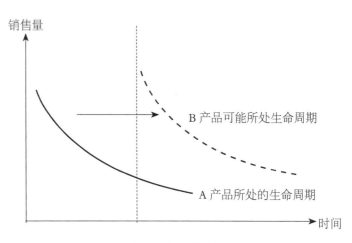

图5-10　类比法

2. 增长率法

增长率法是以某一时期的销售量增长幅度与时间跨度的比值判断产品所处的生命周期阶段，如图 5-11 所示。

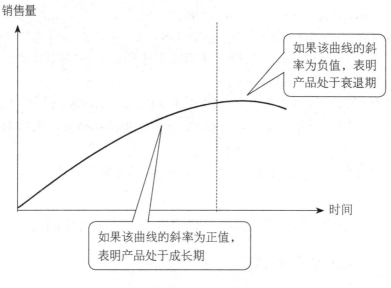

图 5-11　增长率法

三、目标成本法

（一）目标成本法概述

1. 定义

目标成本法是一种以市场为导向，对产品的制造、生产服务的过程进行利润计划和成本管理的方法。

2. 目的

目标成本法的目的是在产品的研发阶段、原材料采购阶段计划好产品的成本，而不是试图在制造过程中降低成本。

3. 目标成本法与成本定价法的区别

对于工厂采购而言，目标成本法是通过预计未来销售市场的价格来确定当前采购产品的价格的。这与传统的采购产品定价方法，即成本定价法不同。

成本定价法：

$$成本+利润＝销售价格$$

目标成本法：

$$预计未来销售市场的价格-目标利润＝采购价格（成本）+制造成本$$

（二）目标成本法的意义

企业在给采购产品定价时不能一味地、没有目标地谈价或压价，而应运用科学的方法核算出要采购什么价位的产品、配件，才能获得利润。

例如，某电视制造厂预计某型号的电视未来的价格为 500 元，预计利润为 100 元。因此，在电视的制造过程中确定了成本为 400 元。如果再预计人工等其他费用为 300 元，那么原材料采购价只能在 100 元以内。

因此，目标成本法对于采购而言就是有目标地给采购产品定价，从而达到降低采购成本的目的。

案例

光华水暖器材制造有限公司（简称"光华公司"）是一家大型的水龙头制造公司。发展初期，光华公司管理层致力于生产高品质、高规格的水龙头，同时也采购高标准的原材料 DR 铜。由于 DR 铜属于高价值原材料，为了扩大利润空间，该批水龙头上市后，光华公司便提高了这批水龙头的市场价格。

由于该批水龙头市场价格太高，买者寥寥无几。尽管光华公司注重 DR 铜的质量，但在同行的眼中，DR 铜的实用价值与普通铜差别不大。于是，光华公司管理层决定放弃对 DR 铜的采购。

两年后，南非一家大型国际采购集团来到公司，询求 DR 铜式水龙头。光华公司鉴于 DR 铜式水龙头成本太高，打算放弃合作。但该公司坚持要与光华公司合作，并要求光华公司在当前市场价格的基础上核算出 DR 铜的成本在何种范围之内，其才有利润。经过分析，光华公司认为，如果现行水龙头价格不变，现行 DR 铜的成本降低 40%，其才有利润。由于 DR 铜产自南非，经过该公司的努力，最后 DR 铜的成本降低了 30%。

DR 铜投产后，由于该类水龙头市场价格与普通铜水龙头市场价格相差无几，光华公司的 DR 铜式水龙头订单蜂拥而至。

光华公司得益于目标成本法，通过产品未来市场售价来确定原材料的成本，有效地控制了采购成本。

（三）目标成本法的实施步骤

目标成本法的实施步骤如图 5-12 所示。

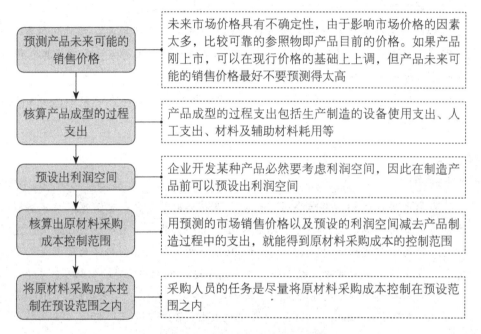

图 5-12 目标成本法的实施步骤

四、早期供应商参与

早期供应商参与是指在产品研发阶段，客户与供应商关于产品设计、生产以及模具、机器、夹具开发等方面所进行的技术探讨活动。

（一）早期供应商参与的目的

早期供应商参与的目的是让供应商清楚地领会产品设计者的设计意图及要求，

同时也让产品设计者更好地明白模具、机器、夹具的生产能力、产品的工艺性能，从而做出更合理的设计。其运作原理如图 5-13 所示。

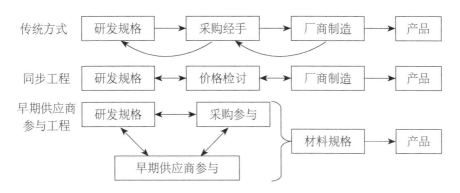

图 5-13　早期供应商参与的运作原理

（二）早期供应商参与的益处

早期供应商参与不仅有利于企业，也有利于供应商，并能为二者建立长期稳定的合作关系创造条件。

1. 对企业的益处

从企业的角度来看，早期供应商参与具有以下益处。

（1）缩短产品开发周期。统计结果表明，早期供应商参与的产品研发项目，研发时间平均缩短 30%～50%。

（2）降低开发成本。一方面，企业借助供应商的专业优势，可以为产品研发提供性能更好、成本更低或通用性更强的设计；另一方面，早期供应商参与可以使产品的整体设计更完善。

（3）改进产品质量。供应商参与研发能从根本上改善产品质量：一是供应商能从专业角度提供更可靠的零件，从而改进整个产品的性能；二是由于零件可靠性的增强，能避免随后可能产生的因设计变更而导致的质量不稳定。

（4）降低采购成本。就采购成本而言，实现供应商早期参与有以下好处：

①节约寻找供应商产生的成本；

②减少供应商出错而导致的损失；

③借助供应商的专业知识来达到降低成本的目的。

2. 对供应商的益处

早期供应商参与也有利于供应商，主要表现在以下两个方面。

（1）竞争的优越性。早期参与研发的供应商凭借其专业技术的优势，自然比其他同类供应商更能得到客户的认可。

（2）研发的有效性。早期参与客户的产品研发，能使具有技术优势的供应商进一步提高自己的研发水平，从而保持领先或独特的地位，同时也能使自己的研发成果直接产生效益。

（三）早期供应商参与的层次

根据供应商参与程度的不同，早期供应商参与可以分为五个层次，如表5-3所示。

表5-3　早期供应商参与的层次

层次	内容	内容详述
1	提供信息	这是早期供应商参与产品研发的最低层次。供应商通常只是根据企业的要求提供必需的信息，如设备产能等信息，供企业参考
2	设计反馈	针对企业的产品设计和研发情况，供应商会提出有关成本、质量、规格、生产工艺等方面的改进意见和建议
3	零件开发	供应商根据企业提出来的零件要求，深入参与或独自承担相关零件的设计和研发工作
4	部件或组件整体研发	在这个层次，供应商承担企业产品中较重要的部件或组件设计和研发的全部工作
5	系统研发	这是早期供应商参与产品研发的最高层次。供应商必须根据产品的整体要求承担整个系统的研发工作，必须拥有产品研发的专业技巧或技能，允许企业独家享有或共同享有产品研发成果，并对产品设计和研发过程中的问题承担责任

案例

在电子行业，元器件和IC供应商参与早期产品研发已成为越来越多电子制造企业的迫切需求。

可采购性设计策略是电子行业对采购提出的一个新策略，是指在产品研发初期选择具有伙伴关系的供应商，并让其成为新产品研发团队的重要组成部分。通过这种供应商参与早期产品研发的方式，新产品研发团队能对供应商提供的元器件和IC提出性能、规格等方面的具体要求，借助供应商的专业知识和技术来达到降低成本、提高产品质量、优化产品性能和缩短上市周期等目的，并为后续产品的生产和销售提供保障，实现产品利润最大化。

电子制造企业的可采购性设计策略涉及分析元器件和IC的规格、性能、价格，确定元器件和IC的付款条件、交期、供货能力和技术支持服务等各个方面。这既需要电子制造企业的采购部门与设计部门协同合作，也需要元器件和IC供应商的全力支持。因此，为了应对电子制造企业的可采购性设计策略，不少元器件和IC供应商也调整了销售策略，在销售元器件和IC的过程中充分考虑可采购性设计要求，并积极参与电子制造企业早期的产品开发。

例如，TCL电视公司（简称"TCL"）在产品研发初期，就由采购部门引导供应商参与新产品的早期研发。电视机芯的供应商会专门派遣技术小组参与新产品的研发与设计，配合TCL设计部门完成早期研发工作。为了降低产品的研发成本，采购部门会同销售部门与设计部门共同分析并确定产品成本和产品功能。在执行可采购性设计策略的过程中，TCL的设计部门、采购部门以及供应商都遵守"共同参与、定期协调、责任捆绑"的原则，保证了早期产品研发的进度和质量。

TCL的供应商长运通集成电路设计有限公司从新产品立项开始，就参与了新产品的研发过程。该公司与TCL的设计部门合作，了解到新产品的性能规格和技术参数，提供符合要求的原材料和完善的技术支持服务，并帮助TCL进行产品前期的相关测试和认证。

（四）早期供应商参与的条件

早期供应商参与涉及战略合作问题，因此必须具备以下三个条件，如图5-14所示。

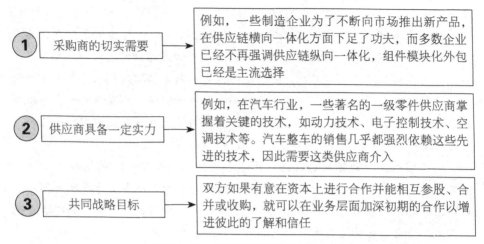

图 5-14　早期供应商参与的条件

五、集权采购

（一）集权采购的概念

1. 一般意义上的集权采购

一些集团公司或者政府部门，为了降低分散采购的选择风险和时间成本，规定一般性材料由分公司采购，某些大型机电设备等则由总公司负责采购，这就是一般意义上的集权采购。

2. 实际操作中的集权采购

但在实际操作中，总公司为了压缩分公司的采购主动权，会规定所有的物料统一由总公司集中采购，如图 5-15 所示。

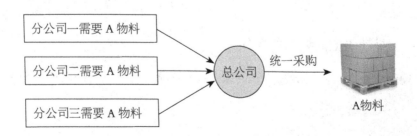

图 5-15　集权采购示意图

（二）集权采购的实施

集权采购的实施包括以下四种典型模式：集中定价、分开采购，集中订货、分开收货付款，集中订货、分开收货、集中付款，集权采购后调拨等。具体采用哪种模式，取决于集团对下属公司的股权控制、税收、物料特性、进出口业绩统计等因素。一个集团可能同时采用几种集权采购模式，如图5-16所示。

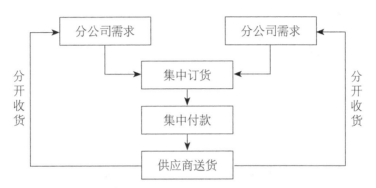

图 5-16　集权采购模式

1. 集中订货、分开收货、集中付款模式

集团总部负责管理供应商、制定采购价格等采购政策，并且负责采购订货工作。当分支机构提出采购申请时，集团总部进行汇总、调整，并根据调整结果下达采购订单，发收货通知单给分支机构；分支机构根据收货通知单或采购订单收货及入库；集团总部汇集分支机构的入库单与外部供应商进行货款结算，并根据各分支机构的入库单与分支机构分别进行内部结算。

2. 集权采购后调拨模式

集团总部负责管理供应商、制定采购价格等采购政策，并且负责采购订货工作。分支机构提出采购申请，集团总部进行汇总、调整，根据调整结果下达采购订单，并完成后续的收货、入库、外部货款结算处理。之后，根据各分支机构的采购申请，集团总部启动内部调拨流程，制定调拨订单并做调拨出库处理，分支机构根据调拨订单做入库处理，两者最后做内部结算处理。

案例1

某手机厂商每年的全球采购成本达到180亿美元，厂商内部设立有个人通信、全球电信方案、宽带通信、专业无线通信、半导体及集成电子系统6个部门，每个部门都有采购权。由于权力过分下放，该厂商对各部门的控制难度加大。

2020年开始，该厂商变部门采购为集权采购，设立一个总的CPO（首席采购官）直接向COO（首席运营官）汇报情况。

实例分析：

该厂商集权采购的优势体现在可以在基站、对讲机、手机等共用的部件上加大与供应商的谈判力度，同时也能针对技术问题进行更好的沟通，从而降低采购成本。

案例2

某大型跨国采购集团由于子公司较多，各子公司虽然有共同需求，但需求落地的时间不同。集团要做采购预算，就要提前了解子公司的需求总量（估计），然后与供应商签订采购协议（无须精确到具体订单），如承诺1 000万元的采购总额，以此来获得价格折扣和其他优惠。但是，由于集团集权性不强，子公司有采购需求时不会上报给集团，而是打着集团的旗号各自向供应商采购。

因此，该集团内部争夺供应商资源，在内部大打价格战。内部价格斗争导致原材料采购价比市价高出一个百分点，最终导致该集团年采购成本多了100多万元。

该集团管理层认识到问题的严重性，便成立了虚拟的采购监控中心，负责统一协调采购事宜，将管理采购预算、采购谈判等权力收归集团中心。各分公司仅留有采购订单跟单的权力。一年后，该集团原材料采购价降低了一个百分点，缩减了100多万元的采购成本。

（三）集权采购的注意事项

1. 集权采购规划不当的弊端

在公司整合、经济一体化的形势下，分散采购无法体现规模效益和满足全球化的要求。但是，如果规划、运用不当，集权采购往往会弊大于利。

在集权采购的各个环节中，各部门会为维护自己的利益引发诸多矛盾。

（1）子公司、分部认为分散采购有供应商选择权，灵活度高，利于快速应变；集权采购虽可带来价格优惠，但灵活度低，导致损失的可能更大。

（2）设计部门为更快研发新产品，要求采购速度要快，因此倾向于选择小供应商。

（3）生产部门希望产品质量、交货时间稳定，更倾向于选择大供应商。

（4）采购部门更看重价格，而价格最低的供应商往往很难满足设计部门的要求。

2. 集权采购必须把握好度

（1）集权采购的度，即一类物料到底是全部归总部集权采购，还是适当授权以灵活处理。总部与分部需要一段时间的磨合和总结，才能实现集权与灵活并存。采购模式定下来之后，随着采购额、供应商、合作方式、公司战略等的变化，公司要及时调整集权采购的比例。

（2）集权采购的组织架构设计取决于要实现的目标、任务、公司文化和整体组织结构。例如，有的公司由采购、设计、生产等关键部门组成委员会，针对具体的采购对象决定集权采购的模式；有的公司由采购额最大的子公司或分部牵头，协调其他分部；有的公司成立公司层面的集权采购部，把供应商选择权、合同权全部收归公司层面，分公司只设执行权。

六、招标采购

（一）招标采购的定义与特点

1. 定义

招标采购又称公开竞标采购，是现行采购方法中比较常见的一种。招标是一种按规定的条件，由卖方投报价格，择期当众开标、公开比价，以符合规定的最低价者得标的一种买卖契约行为。

2. 特点

招标采购具有公平竞争的优点，可以使买方以合理的价格购得理想物料，并可杜绝徇私；但是招标手续较烦琐、费时，无法适用于紧急采购及特殊规格的货品的采购。

例如，某公司想要购进一批设备，委托招标公司招标。招标公司召集全国生产这种设备的厂家，比较价格，选择价格最低的厂家作为供应商，如图5-17所示。

图 5-17　招标采购

（二）招标采购的成本意义

（1）招标采购不需采购组织花费时间与精力去寻找供应商，而是让供应商亲自找上门。在一个公开的环境下，招标采购能让供应商公开比价论价，方便采购组织找到采购价格最低的采购产品，同时也能防止采购人员与供应商进行私下交易。

（2）在控制采购成本方面，招标采购有利于降低采购价格，减少采购行政支出，防止集团内部为了采购而相互提价。

（三）招标采购的实施

招标采购必须按照规定作业程序进行。一般而言，招标采购的流程包括发标、开标、决标、签约四个阶段，如图 5-18 所示。

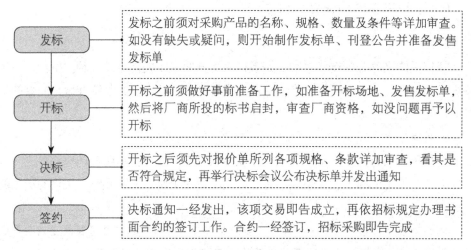

发标	发标之前须对采购产品的名称、规格、数量及条件等详加审查。如没有缺失或疑问，则开始制作发标单、刊登公告并准备发售发标单
开标	开标之前须做好事前准备工作，如准备开标场地、发售发标单，然后将厂商所投的标书启封，审查厂商资格，如没问题再予以开标
决标	开标之后须先对报价单所列各项规格、条款详加审查，看其是否符合规定，再举行决标会议公布决标单并发出通知
签约	决标通知一经发出，该项交易即告成立，再依招标规定办理书面合约的签订工作。合约一经签订，招标采购即告完成

图 5-18　招标采购的流程

（四）招标书

1. 订定标书的原则

在招标采购的过程中，最重要的是订定标书。订定标书必须符合三个要求，即具体化、标准化、合理化，否则整个招标采购工作将弊端丛生。因此，拟订一份理想的标书是招标采购作业中不可忽视的一项重要工作。

2. 标书的特征

一份理想的标书至少须具备下列五项特征，如图 5-19 所示。

能够拟定适当的招标采购方式

主要规格要明确，次要规格可稍富弹性

所列条款务必具体、明确、合理，以便进行公平比较

投标须知及合约标准条款能随同标单发出，内容合情合理

标单格式合理，发标程序制度化、效率高

图 5-19 标书的特征

3. 标书的格式

一般而言，标书的格式有两大类，即三用式标书与二用式标书，前者用途较广。三用式标书是指一份标书中包括招标书、投标书及合约三种文件。买方将拟采购的物品名称、规格、数量、条款等列在招标书中，投标厂商将其所报价格及条件分别填在投标书各栏后签章并投入标箱，经买方审核认可，在合约各栏予以填注，并经负责人签章后构成合约。

案例

供应商C接到威远公司的电话，对方要购买10台笔记本电脑，不久又接到威远公司总部询问100台电脑的价格的电话，其中有10台是笔记本电脑。于是，他们分别咨询了型号和配置的详细情况。供应商C了解到这家公司当年有大的采购项目，频频添置新设备，于是就立即派人到威远公司总部进行调查。

后来，供应商C感觉到威远公司的采购活动毫无章法、管理混乱，没有任何优势，决定在这次供货后放弃以后的合作。

供应商C在此次供货后向威远公司提出对该公司的采购管理的疑问和招标采购制度的看法，并表示出不愿意继续合作的意向。此时，威远公司幡然醒悟，于是在采购上做出了改善：使用人提出采购申请，提交需要采购的电脑的数量、型号和报价；所有申请由部门经理审核预算后交财务总监批准，批准后统一交IT部门汇总，IT部门再根据公司有关的采购规定和工作需要决定采购的电脑的机型、配置、操作系统、软件和品牌；采购部根据汇总的数量、金额及具体要求决定竞标的名单；IT部门提交竞标内容，采购部组成招标委员会或评标小组，邀请IT部门经理、工程师参加评审；采购部按采购流程开展采购活动，与参加投标的供应商一一谈判，谈判内容除了价格，还包括售后服务、交货和索赔的条款、升级服务等；评标小组按事先商定的评定标准评判参加投标的供应商，选出中标者，向中标者发出中标通知，向败标者发出感谢信。采购部与中标者签署合同，并监督中标者的供应。

因此，威远公司为供应商营造了一个公平的竞争环境，采购人员的谈判能力及IT经理的专业能力也得到了相应的提升。同时，威远公司也获得了采购部努力换来的竞争优势，即合理的价格、良好的售后服务、升级承诺及供应商的及时信息反馈，最大限度地保障了公司利益。最重要的是，威远公司认识到招标采购不仅有效地降低了采购成本，还把采购部变成了成本控制和利润的中心。

七、ABC 分类法

（一）ABC 分类法的定义与原则

1.定义

企业将需采购的所有物料按照全年货币价值从大到小排序，将其划分为三大类，分别称为 A 类、B 类和 C 类，这就是 ABC 分类法。其中，A 类物料价值最高，应高度重视；处于中间的 B 类物料受重视程度稍低；C 类物料价值低，只需进行例行控制管理。

2.原则

ABC 分类法的原则是通过放松对低价值物料的控制管理节省精力，从而把高价值物料的控制管理做得更好。ABC 三类物料的一般比例如图 5-20 所示。

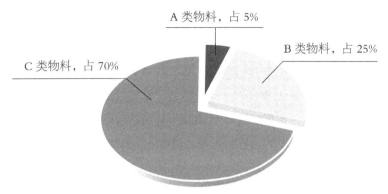

图 5-20　ABC 三类物料的一般比例

（二）A、B、C 三类物料的采购

1. A 类物料的采购

（1）A 类物料采用订货的形式。企业对占用资金多的 A 类物料必须严格定期订购，订购周期可以长一些。

（2）A 类物料的采购可采取询价比较采购方式和招标采购方式，这样可以有效控制采购成本，保证采购质量。采购前，采购人员做好准备工作，进行市场调查，货比三家。采购人员在采购大宗物料、重要物料时要签订购销合同。

2. B 类物料的采购

（1）B 类物料是指批量不是很大的常用物料及专用物资。B 类物料的采购一般采取定做及加工改制的方式，加工改制包括带料加工和不带料加工。

（2）采购人员在采购 B 类物料时可采取竞争性谈判的方式。采购人员直接与三家以上的供货商或生产厂家就采购事宜进行谈判，从中选出质量好、价格低的供货商或生产厂家。

（3）B 类物料的订货可采用定期订货或定量订货方式。B 类物料虽不像 A 类物料那样需要精心管理，但其在计划、采购、运输、保管和发放等环节的管理要求与 A 类物料相同。

3. C 类物料采购

（1）C 类物料是指用量小、市场上可以直接购买到的一些物料。这类物料占用资金少，属于辅助性材料，容易造成积压。

（2）C类物料的进货渠道为市场采购，订货方式为定量订货。C类物料必须严格按计划购买，不得多购。采购人员要认真进行市场调查，收集C类物料的质量、价格等市场信息，做到择优选购。

4.物料分类管理的作用

对物料实施分类管理，是保证产品质量、降低物料消耗、杜绝浪费、减少库存积压的重要途径。无论是A类物料，还是B类、C类物料，只有认真做好物料的计划、采购、运输、储存、保管、发放、回收等环节的管理工作，根据不同的物料采取不同的订货渠道和订货方式，才能及时、准确、有效地做好物料质量与成本控制，才能达到节约成本、提高经济效益的目的。

八、按需订货

（一）何谓按需订货

1.定义

按需订货是属于MRP（Material Requirement Planning，物资需求计划）的一种订货技术，生成的计划订单在数量上等于每个时间段的净需求量，是有效避免采购过多或采购不足的一种方法，也是有效避免采购成本增加的一种方法。目前，大多数生产企业均采用这种订货方式。

2.计算公式

净需求量的计算公式：

$$净需求量＝生产订单需求量-（现有库存量＋在途采购量）$$

案例

某收音机生产企业的外购需求情况如下表所示。

订单名称	产品名称	需要量	下单时间	交货时间
A01单	电子	1 000个	1月1日	2月1日
A01单	电子	8 000个	1月1日	3月1日
A01单	天线	500个	1月1日	2月1日
B01单	天线	3 000个	1月1日	2月1日

（续表）

订单名称	产品名称	需要量	下单时间	交货时间
C01 单	电子	2 000 个	1 月 1 日	2 月 1 日
C01 单	天线	4 000 个	1 月 1 日	2 月 1 日

该企业没有电子与天线的生产线，因此需要外购。如果该产品的生产周期是一个月，目前库存量是电子 5 000 个、天线 3 000 个，则净需求量的计算如下。

1 月的电子需求量：

A01 单 1 000 个 +C01 单 2 000 个 - 目前库存量 5 000 个 =-2 000 个

因此，该企业在 1 月没有必要实施电子采购。

1 月的天线需求量：

A01 单 500 个 +B01 单 3 000 个 +C01 单 4 000 个 - 目前库存量 3 000 个 =4 500 个

因此，1 月的天线需求量是 4 500 个。

利用 MRP 实施按需订货，企业可以准确地计算出在一段时间内的净需求量。上面的实例过于简单，因为在实际操作中，企业的订单每时每刻都在变化，采购需求也在不断地变化。而利用 MRP 技术实施按需订货，则是一种比较科学的方式。

（二）按需订货的前提

为了保证 MRP 数据的准确性，实施按需订货有两个前提。

1. 库存数据必须准确

采购需求是订单总需求与库存需求的差值。总需求数据是来自订单的直接数据，而库存数据来自企业内部。库存数据的准确性低是目前大多数企业的一个弱点，所以企业需利用良好的仓库管理技术，保证库存数据正确，有效实现按需订货。

2. 确定采购周期

企业要采用按需订货法，就要确定采购周期，通常可用采购周期合并法来确定。

案例

某企业采购周期如下表所示。

订单名称	配件名称	需要量	下单时间	交货时间
A01 单	电子	1 000 个	1 月 10 日	2 月 1 日
B01 单	电子	8 000 个	1 月 20 日	2 月 5 日
A01 单	天线	500 个	1 月 11 日	2 月 8 日
C01 单	天线	3 000 个	1 月 12 日	2 月 2 日
D01 单	电子	2 000 个	1 月 18 日	2 月 1 日
E01 单	天线	4 000 个	1 月 20 日	2 月 10 日

据一般企业的情况，采购的周期常用一个时间段（如，一周、一个月或三个月等）作为采购衡量标准，这是为了减少搬运量。如1月10日至1月17日的采购订单可以合并到1月10日完成。

第六章

质量成本管理

　　质量成本是指企业为了保证质量达标而支出的费用和由于产品质量未达到规定要求而产生的损失的总和，是企业生产总成本的组成部分。制造企业既要不断提高产品质量，又要降低为确保质量投入的成本，才能在激烈的竞争中创造更好的经济效益。

第一节　质量成本的含义

一、什么是质量成本

质量成本是为了保证产品质量达到要求发生的费用，以及因产品没有达到质量要求所造成的损失。其内在含义就是以货币为表现形式的质量理想状况与现实状况的差别，它具有以下三个基本属性。

（1）质量成本是质量问题的经济表现，以货币为表现形式。

（2）质量成本把质量投入与质量损失联系了起来。

（3）质量成本不是财务会计中的成本概念，具有一定的隐含性。

二、质量成本的构成

质量成本的构成如图 6-1 所示。

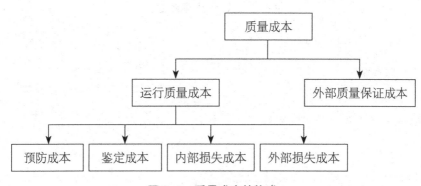

图 6-1　质量成本的构成

（一）预防成本

预防成本是指企业为了防止质量水平低于某一所需水平，而开展预防活动以及采取各种措施所产生的一切费用，其具体项目如图 6-2 所示。

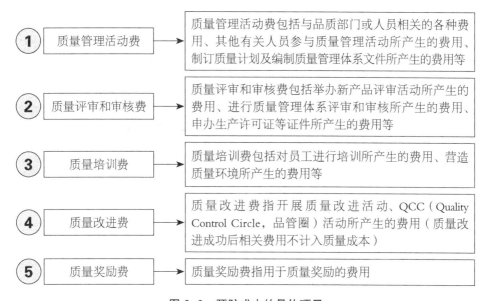

图 6-2　预防成本的具体项目

（二）鉴定成本

鉴定成本是指为了评定产品是否符合质量要求而进行的检验、试验和检测设备的费用，其具体项目如图 6-3 所示。

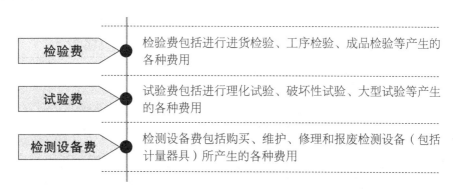

图 6-3　鉴定成本的具体项目

（三）内部损失成本

内部损失成本是指交货前因产品未能满足质量要求而发生的费用。内部损失成本在财务报表上只能体现出有形的费用，无形的损失（如停工损失、员工士气低落导致的效率下降等）往往体现不出来，其具体项目如图 6-4 所示。

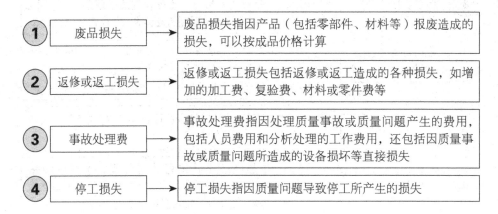

图 6-4　内部损失成本的具体项目

（四）外部损失成本

外部损失成本是指交货后因产品未能满足质量要求而产生的费用。外部损失成本在财务报表上也只能体现出有形的费用，无形的损失（如丧失信誉、失去顾客和市场等）往往体现不出来，其具体项目如图 6-5 所示。

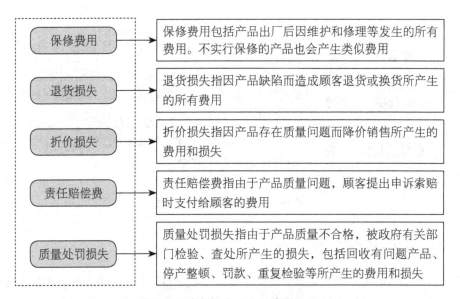

图 6-5　外部损失成本的具体项目

第二节 质量成本管理的分工与步骤

一、质量成本管理的分工

（一）总体分工

1.财务部质量成本管理职责

财务部管理会计组负责质量成本业务，负责质量成本的汇总、分析、预测、计划工作，并承担质量成本统一管理工作。

2.品管部质量成本管理职责

品管部在质量成本管理中协助财务部开展协调、监督、指导和检查工作，在财务部定期分析报告的基础上进一步深入分析并提出质量改进建议。

3.其他各有关部门质量成本管理职责

其他各有关部门要建立质量成本的统计和核算业务，按质量成本计划进行控制，按规定日期完成本部门质量成本的汇总、统计、分析，提出有关建议和改进措施的综合报告，报送财务部。

（二）预防成本

预防成本的统计需要许多部门共同完成，其中有品管部、供应部、人力资源部，有的企业还包括生产技术部（PE/工艺部）。"预防成本统计表"如表6-1所示。

（三）鉴定成本

鉴定成本由检验部门汇总填报，包括鉴定及测试所用的材料费、工时费、设备折旧。"鉴定成本统计表"如表6-2所示。

表 6-1　预防成本统计表

单位：　　　　　　　　　　　　　　　　　　　　　　　　　　　单位：元

填报部门	品管部				总工程师办公室			研究所（设计科）			生产技术部（PE/工艺部）			供应部			人力资源部		
预防成本内容	质量计划措施费	质量审核费用	文件报表印刷费用	部门人员工资	设计评审费	样机小批试制鉴定费	其他	试验费用	改进设计费用	收集质量信息费用	工装评审验证费	工序能力调查研究费	工序质量控制点技术文件设计费	质量保证费用	对商品供应能力的调查研究费	其他	质量教材费用	培训师酬金补贴	学员工资
金额																			
备注	1. 所列部门科室均应在每月 5 日前将上月发生费用报财务部。 2. 如未发生费用，应在相应部门的栏下"金额"格内填"无"并报财务部。 3. 本表一式两份，一份自留备查，一份报财务部。																		

表 6-2　鉴定成本统计表

填报部门：　　　　　　　　　　　　　检验单位：　　　　　　　　　单位：元

鉴定成本																	内部损失成本				
进货检验费用				工序检验费用				成品检验费用				试验材料及劳务费用				合计	复验费用	故障处理费用		其他	合计
工时费	设备折旧	材料费	其他	工时费	设备折旧	材料费	其他	工时费	设备折旧	材料费	其他	工时费	设备折旧	材料费	其他		工时费	工时费	材料费		

（续表）

备注	1. "试验材料及劳务费用"一栏包括： （1）理化人员、计量人员工资； （2）委托厂外试验、检定、维修的费用。 2. 计量器具维修所需配件的费用应按进货及工序、成品检验阶段分类填写。 3. 每月5日前就上月发生费用填制本表，并交报财务部汇总。 4. 本表一式两份，一份自留备查，一份交财务部。

（四）内部损失成本

内部损失成本由各车间的核算员和统计员根据废次品通知单、返修报告单、生产工作票和其他资料加以统计，同时填写"内部损失成本统计表"，具体内容如表6-3所示。

表6-3　内部损失成本统计表

填报部门：　　　　　　　　　　车间：　　　　　　　　　　单位：

产品名称	工序名称	定额		产品损失		返工费用		产品降级		停工损失		事故处理费用/元	合计/元	质量教育			
		单价/元	总价/元	废品/元	次品/元	返修工时/时	返工费用/元	折价率	降级损失/元	停工工时/时	损失/元			次数	人次	占用生产时间/时	折合额
小计														合计			

说明："内部损失成本"和"预防成本"为上方跨列表头。

（五）外部损失成本

外部损失成本由售后服务部门按外部信息和凭证填写。有些凭证虽是企业内部的，但是也用于统计外部损失成本。"外部损失成本统计表"的具体内容如表 6-4 所示。

表 6-4　外部损失成本统计表

单位：

| 成本类别 | 产品型号 | 维修费用 | | | | 索赔处理费/元 | 退货损失/元 | 处理厂外信息邮电费/元 | 折价损失 | | 合计/元 |
		差旅费/元	更换零配件费用/元	返修(厂)费用/元	材料费/元				折价费/元	折价后净损失/元	
预防成本	市场调查										
	市场预测										

（六）财务部汇总

财务部负责质量成本的汇总、统计和换算，月份质量成本分析表和质量成本汇总表如表 6-5、表 6-6 所示。

表 6-5　月份质量成本分析表

分类	项目	细目	费用/元	总计/元	所占比例
①预防成本	a. 质量工程				
	b. 质量会议				
	c. 品管活动				
	d. 新产品审核				
	e. 品管教育培训				
	f. 外协厂辅导				

分类	项目	细目	费用/元	总计/元	所占比例
②鉴定成本	a.进料检验				
	b.制程管制				
	c.成品管制				
	d.破坏性检验				
	e.委认试验费				
	f.量仪校验费				
	g.检验仪器折旧				
	h.可靠性实验费				
	i.实验损耗费				
③内部损失成本	a.报废				
	b.重加工				
	c.因质量问题停工造成的损失				
④外部损失成本	a.服务材料损失				
	b.抱怨处理损失				
	c.减让损失				
	d.逾期交货赔偿				
	e.新品交换				
	f.服务费用				
⑤质量成本总计	质量成本总计 =①+②+③+④				
⑥制造成本					
⑦销售额					
⑧质量与制造成本率	质量与制造成本率 =⑤÷⑥				
⑨质量成本占销售额比例	质量成本占销售额比例 =⑤÷⑦				
备注					

表 6-6　质量成本汇总表

费用单位：元

		质量成本汇总单位						合计	
		××车间	××车间	××车间	品管部	销售部	……	金额	百分比
内部损失成本	废品损失费								
	返修损失费								
	降级损失费								
	停工损失费								
	处理故障费								
	小计								
外部损失成本	索赔费								
	折价损失								
	退货损失								
	保修费								
	其他损失								
	小计								
鉴定成本	各种检验费								
	设备维修更新费								
	小计								
预防成本	质量计划费								
	质量评审和审核费								
	工序质量控制费								
	质量信息费								
	质量改进费								
	检测设备费								
	质量培训费								
	质量奖励费								
	小计								
合计									

二、质量成本管理的步骤

（一）引进质量成本概念

首先，企业要对有关人员进行培训，特别是对涉及质量成本管理工作的财务人员和质量管理人员进行培训。其次，确保其他管理人员，特别是厂长、经理层级的管理人员对质量成本知识有所了解，能够看懂相关报告并提供相关支持。

（二）编制质量成本管理的程序文件

企业编制质量成本管理的程序文件时一定要结合自身的具体情况，把所有质量管理活动可能耗用的经费划分到相关质量成本科目中，详细规定如何收集资料、如何进行统计、如何计算、分别由哪个部门负责等事项。

（三）补充、完善原始凭证

企业要根据程序文件的规定对原始凭证进行整理，如废品通知单、返修品通知单、停工报告单等，并根据需要对这些凭证进行补充和完善。

（四）做好数据收集和统计工作

企业所有部门都应按程序文件的规定按时填写相关的原始凭证，按期统计相关信息并上报，最后由财务部汇总，编制质量成本报表。

（五）编制质量成本报告

财务部根据质量成本报表编制质量成本报告，指出发生数与计划数之间的偏差，并使用相关的指标公式进行比较，供管理者分析。

（六）对质量成本进行分析

质量成本分析方法如下：
（1）质量成本分级科目构成的比重分析（即预防、鉴定和损失成本的比重分析）；
（2）月度（或季度）质量成本内部分析（主要看其增长变化）等。

（七）根据分析结果发现问题并改进

分析人员在分析中如发现异常情况，可进一步寻找质量管理体系存在的问题，为改善质量提供机会。

要控制好质量成本就要分析质量成本的组成因素（三种成本）所占的比例。企业通过提高少量的预防成本，可大幅降低鉴定成本及损失成本。

因为每家企业的组织结构及产品不一样，在此仅提出一个参考数值作为衡量的标准：

预防成本：鉴定成本：损失成本＝20：30：50

另外，在质量成本报表中，如果质量成本占销售额的10%以内，则可接受；如果占15%以上，则利润会大幅减少；占20%以上，一般的企业已无利润或只能亏本经营。

第三节　质量成本管理的方法

一、预防成本的合理化

预防错误的成本比重修、维护或报废的成本要低得多。因此，适度提高预防成本并将预防的概念延伸到设计阶段，可有效降低总成本。

（一）设计阶段质量成本合理化预防措施

企业在产品设计阶段应注意以后可能发生的问题，预防设计缺失，避免造成后续质量成本的增加，主要预防措施如下。

1. 产品的正确界定

产品设计要以顾客的需求为切入点，设计人员要深入了解顾客对产品外观、功能、特性、价格等方面的期望，将这些期望作为设计的重要考量因素。这些以顾客需求为重要考量因素的内容要完整、清楚、明确。

2. 设计资料的完整、明确

针对不同的需求，企业要有完备的、明确的人员及资源投入。

3. 设计输出的规格化

规格化就是指产品设计具有完整、明确、标准化的特性。例如，输出功率要求明确，电阻值规定应标准化。

4. 正确的设计与确认

完成产品界定，明确顾客需求后，设计部门应采用不同的设计方法验证设计过程及设计结果。

5. 设计的其他考量

许多制造方面的质量问题，其实是设计的误差或不良造成的。因此，设计部门在设计时有必要考虑以下问题。

（1）产品设计在预定的应用范围内必须是安全的，在预计的使用时间内性能须非常可靠。

（2）设计的产品要便于制造。

（3）设计的产品要能满足顾客的需求。

（4）工程图和规格要清楚明确。

（5）深入探究设计缺陷，迅速纠正因设计不当造成的问题。

（二）生产制造过程质量成本合理化及持续改善

生产制造过程质量成本合理化及持续改善主要与员工的工作心态和管理层的管理方法有关。质量管理专家戴明博士认为，高层管理者一定要达到以下方面的要求。

（1）能制定改善产品质量及为企业服务的永久方针，能制订一套在商业世界中生存并具竞争优势的计划。

（2）采取新理念。

（3）采用统计等科学方法获取有关质量的客观信息。

（4）不仅仅以价格为标准选择供应商。

（5）找到问题，改进问题。

（6）不断对管理人员及员工进行在职培训。

（7）用新方法督导下属。

（8）进行人性化管理。

（9）解决企业内各部门之间的障碍。

（10）目标要明确，而且要有方法。

（11）废除规定工作数量的工作标准。

（12）建立下属对企业及工作的归属感与荣誉感。

（13）创造出充满活力的工作环境。

二、鉴定成本降低方案

降低鉴定成本的方法有很多，以下介绍四种比较常见的方法。

（一）戴明的免检或全检准则

抽样检验的成本最低，企业可以以抽样检验结果判定抽样批的允收或拒收。但这种方式存在非常高的风险，也就是所谓的Ⅰ型、Ⅱ型误差。当误差产生时，其带来的损失往往高于原先的检验成本。

戴明博士是抽样理论专家，他呼吁回归统计质量管理，提倡免检或全检准则，因为他认为抽样检验的总成本比全检或免检的总成本高。戴明的免检或全检准则如下。

$$P < K_1 / K_2 \qquad （免检）$$

$$P > K_1 / K_2 \qquad （全检）$$

其中：P——不良率；

K_1——执行检验的相差成本；

K_2——每一不良发生造成的后续损失。

（二）检验与测试计划

检验与测试是制程管制的重要作业，常见的方法有作业人员自主检测、线上全检、首件检测、巡回检测、源流检测等。使用这些方法时，质量管理人员要定期检验其实用性，如果发现有影响质量成本的情形，须立即改善。

（三）改善设备与方法

优良的设备、自动化的作业方法会降低对检验的要求，因此企业管理层在购置设备及设计、制造产品时应有以下观念。

（1）提供较快、自动化程度较高的设备，减少检验频率。

（2）在生产设备上建立即时检验系统。

（3）应用IE手法，改善检验的方法、流程与步骤。

（四）统计质量管制手法

统计质量管制的应用历史非常悠久，典型的统计质量管制手法有制程能力研究、管制图以及抽样检验中的减量检验。

三、防止损失成本的发生

（一）步骤

损失成本的发生不仅会造成质量成本的增加，还会使企业形象受损、获利下降，进而影响企业的竞争力。可以说，损失成本对于企业而言是一个隐形杀手。一旦产生损失成本，不论是内部损失成本，还是外部损失成本，企业都必须立即找出原因，设法纠正和解决，同时采取相关的预防措施，否则损失成本会不断产生，不会自动停止。

美国质量学会建议依下列四个步骤对损失成本进行预防。

（1）使所有相关人员都能了解质量问题及其可能的发生原因。

（2）培养共同解决问题的信心。

（3）与相关人员共同拟订系统的问题解决计划并执行该计划。

（4）跟进解决问题所采取的措施。

（二）探索损失成本产生的原因

要使问题得以解决，关键在于找到问题产生的真正原因。企业要设法了解产生损失成本的原因并采取措施，才能对症下药。思考以下问题可帮助企业判断是否会产生损失成本。

（1）是否知道何种损失成本最大，且已掌握针对性的解决方案？

（2）报废或重加工的制程是否已通知相关主管部门并采取了防止措施？

（3）在进料检验环节能否筛选出不良的供应品？

（4）如果是供应商的原因而发生不良情形，是否已通知供应商改进？

（5）不良情形发生时所采取的行动是否有效？

（6）某部门发生严重的不良情形，是否有根本性计划防止其再度发生？

（7）设计变更或模具修改是否依程序通知相关单位？

（8）对于制造部门，上述变更或修改是否足够？

（9）相关部门是否都参与了质量改进活动？

（10）是否适时召开了质量会议并提供了相关报告以改善质量？

（11）如果必须保固，保固期的费用是否合理？

（12）如何妥善处理客户退回品？

（13）客户退修品是否即时修复并退回给客户？

（14）降低外部损失成本是否被列为年度质量目标，如何使其逐年降低？

（15）损失成本所占比例突然增加时，高层管理者是否立即采取措施？

第四节　降低生产现场质量成本的对策

一、成本与质量的关系

为了降低成本，比较容易的做法是降低质量，但这在当今激烈的竞争环境下行不通。企业必须抛弃这种"要降低成本就要降低质量"的想法，而应该寻求"既能维持质量又能降低成本"的方法。

二、维持质量、降低成本的对策

维持质量、降低成本的对策主要有五点，如图6-6所示。

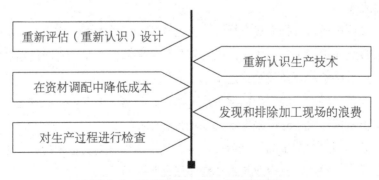

图6-6　维持质量、降低成本的对策

（一）重新评估（重新认识）设计

为了维持质量、降低成本，企业有必要重新评估和审查原来的设计及产品规格，如发现不合理的部分应予以修正。

（二）重新认识生产技术

重新认识 QC 工程表及作业标准书，找出可降低成本的地方。重新认识生产技术的要点如下。

（1）省略工序。

（2）想办法改善专用工具。

（3）减少在抽检中的抽检数。

（4）简化加工步骤。

（5）引进自动机或者半自动机。

（三）在资材调配中降低成本

（1）通过给两个供应商发出采购订单的方式推进竞争。

（2）提出降低成本的目标，让加工方研究在何处加工可降低成本。

（3）让加工方报出经研究后的单价。

（四）发现和排除加工现场的浪费

（1）发现、排除纯加工时间以外的无效时间（步骤／程序时间，与生产计划、等待、检查等不相关的无效时间）。

（2）变更配置。

（3）作业者的多能化。

（4）防止供应资材的欠货及交期延误。

（五）对生产过程进行检查

（1）缩短抽检时间。

（2）改善检查工具。

（3）检查实施以上对策后的产品质量。

（4）反馈和修正上述产品的质量检查结果。

企业应在采取相应改善措施后提取每个批量的成本数据，把这些数据做成图表并将其张贴在员工能看到的地方。同时，企业也可以用图表来展示各工程中的不良率。

三、减少不良品以降低成本的方法

为了减少不良品，企业必须活用以下管理方法。

（一）通过建立检查系统来减少不良品

1. 检查系统的要素

企业在建立检查系统时，须考虑以下三个要素。

（1）确立测定质量特性的检查方法。

（2）根据质量判定标准来判定是否合格。

（3）用规定的装置实施检查。

2. 各检查阶段的检查方法

各检查阶段的检查方法如图 6-7 所示。

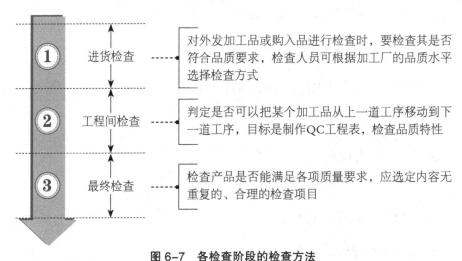

图 6-7　各检查阶段的检查方法

3. 选择检查方式并制定标准

为了合理实施检查，企业应选择合适的检查方式，制定合格的标准。

（1）选择检查方式。企业应决定进行全数检查还是抽样检查。在抽样检查的情况下，企业可选择以下检查方式中的一种，如图6-8所示。

图6-8　抽样检查的方式

（2）制定检查标准。企业在制定检查标准时应基于图纸或规格书来决定检查项目和公差范围，在外发的情况下应根据外发工厂的质量水平调整检查项目的范围。

（3）做检查记录。企业应要求检验人员将检查结果记录下来，累积的数据可作为将来采取无检查方式（相当于免检）时的参考依据。

4.管理试验、检查装置

管理试验、检查装置对于正确实施检查十分必要，具体包括装置的维护管理和校正管理。

（二）活用作业标准书来减少不良品

1.作业标准书的作用

作业标准书具体规定了各工程的作业方法，是制造良品不可缺少的工具。另外，作业标准书还有以下作用。

（1）缩小因作业者不同而产生的差异。

（2）以有形的文字记录熟练者的技巧。

（3）提高工程管理的精度。

（4）有助于实施基于标准时间的作业。

（5）是多能化、外发单化的实施资料。

（6）是作业改善的基础资料。

2. 由生产类型决定的作业标准书的种类

作业标准书的种类必须与生产方式或作业种类相符合。

（1）加工、组装工业方面的作业标准书有工艺流程图表、QC 工程表、作业标准书、部品表和图纸、工程规格表。

（2）装置工业方面的作业标准书有工艺流程图表、QC 工程表、作业标准书、M-M 图表、工程规格表、设备点检表。

3. 减少不良品的方法

针对容易出现不良品的工程，企业可用以下方法来减少不良品。

（1）调查是否有作业标准书，如没有，则制作作业标准书。

（2）如果有作业标准书，应重新审查作业标准书的内容。

（3）调查作业者是否根据作业标准书进行操作。

（4）再次计算工程的不良率，分析其发展趋势。

（5）如果不良率没有下降，则再次审查作业标准书的内容，特别要关注所使用的设备和操作顺序，之后再进行必要的修正。

（三）活用 QC 工程表来降低不良率

1. QC 工程表的作用

QC 工程表是反映质量管理重要节点的技术资料，其作用如图 6-9 所示。

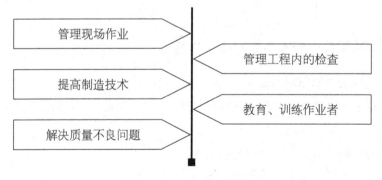

图 6-9　QC 工程表的作用

2. QC 工程表的记载内容

（1）工序号，企业应以 10 为单位编制工序号（如 10、20）及每一道工序的作业内容。

（2）管理点、管理项目和质量特性。

（3）管理方法、时间、试验内容、计测器、管理方式、检查方式、规格、制造标准。

（4）标准时间。

（5）对异常情况的处理方法。

（6）文件修订内容。

3.QC 工程表的活用要点

活用 QC 工程表可防止不良的发生，提高质量水平。

（1）QC 工程表是建立质量保证系统的基本文件，应在质量保证系统导入时就制定好。

（2）QC 工程表不仅要被运用到现场作业中，还要被运用到事务作业及业务错误的纠正中。

（3）在监督者的现场作业中可以使用 QC 工程表。

（4）在对不良品发生的处理和原因追踪中可以使用 QC 工程表。

（5）QC 工程表可以作为改善作业的资料。

（四）新 QC 七大手法

新 QC 七大手法如图 6-10 所示。

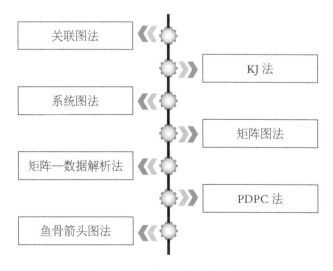

图 6-10　新 QC 七大手法

（五）QCC 活动

要减少不良品的发生，QCC 的共同努力是非常有效的。QCC 小组共同商讨出解决方案后，可以防止同类事件再度发生。

（六）5S 管理

为了减少不良品的数量，企业有必要让生产现场全体人员参与 5S 管理活动。

（七）目视管理

企业可以通过目视法把质量不良信息反映给生产现场，让质量意识渗透到生产现场中。

第七章

销售成本控制

竞争性的制造企业势必会把销售当作头等大事来抓，并在销售环节投入大量的资金和人力。没有投入（销售成本）就没有产出（销售额）；而投入过大就有可能亏本，企业的正常运作可能无法维持下去。因此，进行销售成本控制既能促进销售又能让企业获得可观的利润。

第一节　销售费用的控制要点

一、销售费用的构成

销售费用是指企业在销售产品过程中产生的各项费用，以及为销售本企业产品而专设销售机构（含销售网点、售后服务网点等）的经营费用。销售费用一般包括以下五个方面，如图7-1所示。

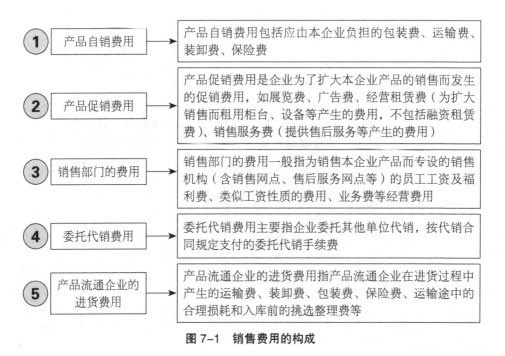

① 产品自销费用	产品自销费用包括应由本企业负担的包装费、运输费、装卸费、保险费
② 产品促销费用	产品促销费用是企业为了扩大本企业产品的销售而发生的促销费用，如展览费、广告费、经营租赁费（为扩大销售而租用柜台、设备等产生的费用，不包括融资租赁费）、销售服务费（提供售后服务等产生的费用）
③ 销售部门的费用	销售部门的费用一般指为销售本企业产品而专设的销售机构（含销售网点、售后服务网点等）的员工工资及福利费、类似工资性质的费用、业务费等经营费用
④ 委托代销费用	委托代销费用主要指企业委托其他单位代销，按代销合同规定支付的委托代销手续费
⑤ 产品流通企业的进货费用	产品流通企业的进货费用指产品流通企业在进货过程中产生的运输费、装卸费、包装费、保险费、运输途中的合理损耗和入库前的挑选整理费等

图7-1　销售费用的构成

二、做好销售费用预算

销售费用预算是为实现区域或个人销售目标而编制的预算，制定销售费用预算有利于区域销售目标的实现及销售代表销售任务的完成。但销售费用预算不是一成不变的，企业应根据当地市场情况或客户情况的改变而做出改变。同时，销售费用预算并不是一项约束条件，而是一件应付挑战的武器。企业要对销售成本进行精益化管理，就必须实施销售费用预算管理。

（一）实施销售费用预算管理的作用

销售费用预算管理以销售费用预算为基础，分析销售收入、销售利润和销售费用的关系，力求实现销售费用的最大效用。具体而言，企业实施销售费用预算管理具有以下几种作用，如图 7-2 所示。

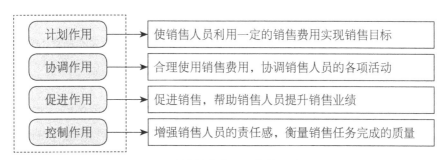

图 7-2　实施销售费用预算管理的作用

（二）合理编制销售费用预算

销售费用项目繁多、功能不一，企业必须对销售费用进行合理分类，并对各类费用采取不同的预算编制方法。

1.进行合理分类

（1）按销售费用投入功能的不同，销售费用可分为战略性费用、战术性费用、基本费用，具体说明如图 7-3 所示。

图 7-3　销售费用在不同投入功能下的分类

（2）按销售费用与产品销量关系的不同，销售费用可分为固定费用和变动费用。固定费用是指在一定规模内不随产品销量增减而变动的费用。当然，固定费用只是相对固定的，不是永远固定的。变动费用是指在一定规模内随产品销量增减而变动的费用。

2. 针对不同的销售费用采取不同的预算编制方法

企业应对不同的销售费用采取不同的预算编制方法。例如，对战略性费用、基本费用或固定费用采取总额控制，但对过去发生的上述费用进行分析时，需要考察费用支出的必要性和有效性，或者采用零基预算法来确定上述各项费用的预算数额。对战术性费用或变动费用按费用率（销售费用与销售收入的比例）或单位费用（单位销量的费用）进行控制时，战术性费用或变动费用预算要以计划销量为基础，按费用项目进行控制，最好实行弹性预算控制。

3. 编制销售费用预算时应注意的事项

销售费用预算的编制必须与开拓市场、提高市场竞争力联系起来，这要求企业对同行业特别是竞争对手的状况进行充分了解，对自身业务流程再造和价值链整合加以研究，并在本企业上年销售费用实际水平的基础上进行调整，最终形成年度的销售费用预算。

企业应当在对市场情况进行深入分析和科学预测的基础上，结合年度销售计划编制销售费用预算。编制的销售费用预算最好能具体到产品、市场、项目及人员，使"人人肩上有指标"。为了应对市场的变化，企业编制的销售费用预算应该留有余地。

下面是某企业的销售费用预算表，仅供参考。

····【范本1】▶▶▶···

销售费用预算表

项目			年度销售费用计划额度								
			1月		2月		3月		……		
			金额/元	销售比重%	金额/元	销售比重%	金额/元	销售比重%	金额/元	销售比重%	
销售费用	1.销售变动费用	（1）销售佣金									
		（2）运输费									
		（3）包装费									

（续表）

项目			年度销售费用计划额度							
			1月		2月		3月		……	
			金额/元	销售比重%	金额/元	销售比重%	金额/元	销售比重%	金额/元	销售比重%
销售费用	1.销售变动费用	（4）保管费								
		（5）燃料/动力费								
		（6）促销费								
		（7）广告宣传费								
		（8）消耗品费用								
		（9）其他费用								
		小计								
	2.销售固定费用	（1）销售人员费用 ①工资								
		②奖金								
		③福利费								
		④劳保费								
		⑤其他费用								
		小计								
		（2）销售固定经费 ①差旅费								
		②通信费								
		③业务招待费								
		④折旧费								
		⑤修缮费								
		⑥保险费								
		小计								
	合计									

　　销售费用预算经过征求意见、反复修改、充分论证后才能批准下达。一旦批准下达就必须严格执行，任何人不得随意修改。凡是营销过程中发生的销售费用，都必须纳入控制。

企业在销售费用预算执行的过程中要坚持没有预算不予开支，杜绝一切超预算的现象，营销策略的调整也必须在销售费用预算的总体框架下进行。但市场瞬息万变，突发事件会影响费用预算的执行效果。要在费用预算执行中规避风险，要在费用预算管理中不丢失商业机会，企业就需要在预算管理中加入"柔性"机制，即销售费用预算调整机制的建立和完善。原则上短期（季、月）预算宜"刚"，长期（年）预算宜"柔"。

企业在执行销售费用预算的过程中还应完整、准确地统计归集费用数据，因此企业必须统一规范销售费用的项目名称、编码、原始记录，完善相应的费用统计台账、报表、分析等统计制度。要实现大量的销售费用数据的收集，实施多维的数据分析，企业必须开发销售费用管理信息系统，凭借现代化的管理手段提高数据收集和分析质量。

销售费用预算管理的关键在于实施过程监控，及时纠正偏差，预算执行到年终再纠正就晚了。因此，企业可以每月通报销售费用预算的执行情况，做到人人心中有数；按季度组织召开销售费用预算分析会，就前一季度销售费用预算的执行情况进行不同环节、层次的分析，找准下一阶段销售费用预算控制的重点，突破难点，精打细算，减少浪费，使各项销售费用更加合理有效。

三、建立激励和约束机制

激励和约束机制是销售费用预算管理工作的生命线，没有激励和约束机制的预算形同虚设，甚至比没有预算更糟。建立科学、合理的预算考核和奖惩制度有助于减轻信息不对称对预算管理的不利影响，可以及时准确地揭示预算执行过程中出现的差异和存在的问题，达到奖勤罚懒、调动员工积极性的目的。因此，企业可以将预算的执行效果与销售人员的提成收入挂钩，即实际提成收入 = 销售收入 × 提成系数 × 销售任务完成率 ×[1-（实际收入费用率 - 预算收入费用率）÷ 预算收入费用率]；对销售管理人员可根据该部门的销售业绩、销售费用控制、预算使用效果等情况综合评定奖惩。费用预算的考核宜先"刚"后"柔"，先"刚"以显示规则的严肃性，在取得成效后再显示出"柔"的一面。

当然，除建立预算考核和奖惩制度以外，企业还应健全销售费用管理制度，包括销售人员薪酬、差旅费、培训费、业务招待费、广告费、宣传费、公关费、仓储费、售后服务费等的管理制度。

下面是某企业的销售费用管理制度，仅供参考。

·····【范本2】▶▶···

销售费用管理制度

第一章 总则

第一条 为了规范销售费用支出，明确费用报销的标准及审批流程，特制定本制度。

第二条 本办法适用于××公司的营销中心。

第三条 各项费用实行总额预算、单项控制及年终考核的原则。

第二章 职责

第四条 经办人员的责任

（一）经办人员对所报销项目的真实性、准确性、及时性及单据的合法性与完整性负责。

（二）经办人员如有公司借款，必须按公司的有关规定及相关要求如期归还借款。

第五条 部门负责人的责任

（一）部门负责人一般指经办人所在销售部门的直接负责人。

（二）部门负责人负责审查费用项目是否经过申请并得到批准，报销的金额是否控制在预算标准之内。

（三）部门负责人对报销内容（包括各项附件）的真实性、完整性、合法性负责。

（四）部门负责人对本部门人员的个人借款承担担保责任，当借款人不能如期归还借款或无法在其工资中扣回借款时，担保人须在一个月内代为清偿借款。

第六条 财务审核人员的责任

（一）财务审核人员负责审查报销单据的合法性、真实性。

（二）财务审核人员负责审查报销单据金额的正确性和报销内容是否符合公司有关制度。

（三）财务审核人员负责审查报销项目审批手续的完整性和对费用标准的控制。

（四）财务审核人员负责审核费用项目报销的金额是否控制在预算标准之内。

第三章 费用细则

第七条 电话费

（一）标准：销售助理100元／月，业务主管200元／月，业务经理300元／月，营销总监500元／月，营销副总经理700元／月。

（二）适用范围：营销中心员工发生的移动通信及固定话费。

（三）审批权限：中层以下由营销副总经理审批，中层以上（含中层）由总经理审批。

第八条 办公费

（一）标准：部门700元／月。

（二）适用范围：营销中心所有办事处及总部的日常运作所必需的办公文具用品、易耗材料、配件的购置费用。

（三）审批权限：预算内由营销副总经理审批，预算外由总经理审批。

第九条 业务招待费

（一）业务招待费是指业务人员为了更方便地开展工作、处理异常事项，与客户仓库、工程、检验等部门处理维护费用所发生的餐费、娱乐费、礼品费等开支。

（二）整个销售部的业务招待费按年度预算总额、月度分解额度进行控制和考核，由营销副总经理、总经理负责整体控制及审批。

（三）标准如下。

1.餐费：受请人为主管级以下的为80元／人，受请人为主管级（含）以上的为100元／人。

2.娱乐费：500元／人，每次总额控制在3000元以内；营销中心总体娱乐次数控制在每月5次以内。

3.礼品费：实报实销。

4.公关费：实报实销。

（四）适用范围：营销中心所有业务人员发生的支出。

（五）审批权限如下。

1.餐费：标准内且单笔金额在2000元以下的由营销副总经理审批，超出标准且单笔金额在2000元以上的由总经理审批。

2.娱乐费：标准内且单笔金额在3000元以下的由营销副总经理审批，超出标准且单笔金额在3000元以上的由总经理审批。

3. 礼品费：由各销售部独立策划，以书面形式申请，报营销总监审核后交由总经理核准后准予开支。

4. 公关费：由各销售部独立策划，以书面形式申请，报营销总监审核后交由总经理核准后准予开支（如遇紧急情况，由营销总监口头向总经理报告后准予开支）。

（六）其他规定如下。

1. 每次招待活动发生前，由经办人员填写申请表，注明招待事由、受招待的单位、人数、招待目的、预计开支金额，事先发邮件进行申请。

2. 各级业务人员应合理安排应酬活动，节省开支，不得超支。

3. 节日支出只限于春节、中秋两个节假日对重要客户统一送出礼品、礼金。

4. 各部门在节假日对重要客户统一送出礼品、礼金或组织联谊活动时须提交专项报告并由总经理审批，礼品报销时必须提供等额发票及销售清单，礼金报销时附上经审批的专项报告。

5. 原则上支出金额须在公司规定限额内。

第十条　会务费

（一）标准：12 000 元 / 次，一年 4 次。

（二）适用范围：营销中心会务的交通费、食宿费、资料印刷费、场地租用费等。

（三）审批权限：预算内且标准内的由营销副总经理审批，预算外或标准外的由总经理审批。

第十一条　差旅费

（一）差旅费包括各部门及单位日常运作中因国内外出差发生的长途交通费、市内交通费、住宿费、餐费补贴、签证费、机场建设费和保险费等相关杂费。

（二）出差发生的各类票据，按长途交通费、市内交通费、住宿费、餐费补贴分项统计填报。每次出差（含多人一起）发生的费用只能一次报销，不能分次报销。

（三）标准如下。

1. 长途交通费：A. 实报实销；B. 长途交通费包含机票、大巴车票等长途交通费，机场建设费和保险费等相关杂费，异地租车费、汽油费，过桥过路费等。

2. 市内交通费。

级别	城市	费用标准 /（元·月）	备注
科员	一类城市	400	超过标准按照标准报销，
	二类城市	300	未达到标准根据实际费用报销

（续表）

级别	城市	费用标准/（元·月）	备注
主管	一类城市	500	超过标准按照标准报销， 未达到标准根据实际费用报销
	二类城市	400	
中层	享有车费补贴的，按公司车费补贴规定执行		
高层	按公司车费补贴规定执行		

3. 住宿费。

级别	城市	费用标准/（元·天）	备注
科员	一类城市	200	超过标准按照标准报销， 未达到标准根据实际费用报销
	二类城市	180	
主管	一类城市	250	
	二类城市	200	
中层	一类城市	400	
	二类城市	350	
高层	一类城市	450	
	二类城市	400	

4. 餐费补贴。

项目	报销标准		备注
驻外人员餐费补贴	一类城市	400元/月	
	二类城市	300元/月	

说明：一类城市为北京、上海、深圳、广州、南京、无锡、宁波、杭州、苏州、青岛、武汉、珠海，其他城市为二类城市。

（四）审批权限如下。

1. 长途交通费：单次总额在2 000元以下的由营销副总经理审批，单次总额在2 000元以上的由总经理审批。

2. 市内交通费：预算内且标准内的由营销副总经理审批，预算外或标准外的一律不予报销。

3. 住宿费：标准以内的由营销副总经理审批，超出标准一律不予报销。

4. 餐费补贴：标准以内的由营销副总经理审批，超出标准一律不予报销。

（五）其他规定如下。

1. 业务人员到省外城市或地区出差，原则上要求乘坐火车或汽车；但有特殊情况的，经营销副总经理批准可乘坐飞机；未经批准擅自乘坐飞机的，按乘机费用总额的 60% 报销。

2. 需乘坐火车的，应提前一天通知订票；当日订票的，按票面金额的 90% 报销。

3. 多人（同性别）一同出差，应选择二人间住宿，住宿费报销按人头标准相应降低 20%。

4. 公司委派参加各种会议、培训的费用开支，凭会议通知及收费票据报销有关差旅费用；由会议方或培训方统一安排餐饮、住宿者，公司不再另外报销餐费补贴和住宿费。

5. 如出差所在地有与客户公司签订消费协议的单位，应到协议单位消费。

6. 出差过程中的招待费按业务应酬费的相关规定单独报销；每报销一次业务招待费用，相应扣减当天的餐费补贴。

第十二条 邮寄费

（一）标准：实报实销。

（二）适用范围：营销中心所有员工邮寄、快递文件和样品发生的费用。

（三）审批权限：寄方付费需报销的，单笔费用在 200 元以下的由营销副总经理审批，单笔费用超 200 元以上的由总经理审批；月结的，部门费用超预算的由总经理审批。

第十三条 质量费用

（一）标准：按不含税销售收入的 0.3% 控制。

（二）适用范围：营销中心或公司处理产品质量事务发生的返工费、质量罚款、质量事故费、办事处人员违规罚款等费用。

（三）审批权限：预算内且单笔金额在 2 000 元以下的由制造中心副总经理和营销副总经理共同审批，预算外或预算内单笔金额在 2 000 元以上的由总经理审批。

（四）其他规定如下。

1. 业务人员应及时跟进异常情况，一般应在应酬费用支出中将异常情况处理完毕。

2. 如果因业务人员自身造成罚款，该罚款由业务人员自己承担。

3. 因工厂品质原因，但业务人员疏于跟进造成处罚事实的，业务人员承担 50%

的责任。

4.质量费用统一由品质部划定责任，追溯责任由相关核算单位承担。

第十四条　仓储管理费

（一）标准：实报实销。

（二）适用范围：各办事处对产品的储存租金、搬运费用，及其将产品从租用仓库发送至客户的运费。

（三）审批权限：外租仓租赁合同经营销总监审核、总经理批准，费用按合同约定的收费标准执行；搬运费用、发货费用以第三方物流及客户数据为准，以月结形式支出；因特殊情况需要支出的，500元以下的由营销总监审批，500元以上的由总经理审批。

第十五条　产品运费

（一）标准：按合同约定及实际送货数量或里程计算。

（二）适用范围：产品运费包括产品从货仓至外租仓、客户的物流费用，公司外请车的送货费用，产品空运费用，办事处退货物流费用。

（三）审批权限如下。

1.物流公司合同、租车合同及报价须由营销总监、营销副总经理、总经理会签。

2.单笔退货费用在2 000元以下的，由营销副总经理审核；单笔退货费用在2 000元以上的，由总经理核准。

（四）其他规定如下。

1.经办人员需写明时间、路线、产品编码、数量、发货方或收货方的单据号码。

2.报销时后附承运方的收据或发票。

第十六条　住房补贴

（一）标准：每人每月700元。

（二）适用范围：营销中心。

（三）审批权限：在工资中体现，无须单据审批。

（四）其他规定如下。

1.住房补贴包括业务人员在驻地的租金、水电费、取暖费、网络费等。

2.此补贴由综合管理部负责记录，并在当月工资中体现。

3.员工在外租房属私人行为，由员工自主决定。

第十七条　其他费用

未能预计的支出，申请人填写费用开支申请及审批表，审批人按授权限额审批；

累计发生金额不能超过年度总预算。

第四章　费用审批与报销

第十八条　业务招待费、差旅费、质量费用、产品运费、市场调研费、其他费用实行事前申请制度；到外省市出差，当事人需要提前向部门负责人请示，批准同意后方可执行。

流程	当事人	业务内容描述
事前请示	使用人	（1）费用发生前发邮件给营销各部负责人，由其进行审批；营销各部负责人收到邮件后2个小时内给予回复，同时抄报营销副总经理审批；营销副总经理将审批意见转发财务总监及费用会计存档 （2）超出营销副总经理审批权限的报经总经理审批；总经理审批后将邮件转发营销副总经理、财务总监及费用会计存档；总经理审批同意后方可使用
事后总结	使用人	费用开支完后要以周为单位按照附件表格格式总结，即总结每次开支达成的结果，并将开支总结附在费用报销单后
部门审核	业务经理	营销各部负责人收到当事人的报销总结报告后在一天内审核完毕，再交营销副总经理审批
财务复核	财务部	财务部收到经审核与审批的报销总结报告后，在3个工作日内完成发票与业务的真实性审查
终批	总经理	总经理在权限内对费用报销单各项开支的合理性进行最终审批
费用结算	出纳	出纳收到最终的费用报销单后发邮件给当事人，由其提出最后的审批意见，并告知费用结算时间

第十九条　费用审批

（一）费用报销的审批程序见上表。

（二）当次业务招待费、住宿费超过200元时，经办人员须用银行卡支付费用，并附刷卡记录；因特殊情况用现金支付的，报销费用时要填写请示报告说明合理事由，否则不予报销；送出红包超过500元的需两人随同办理，不能两人随同办理的须营销副总经理同意。

（三）对于申请、审批、报销流程不规范的，单据不合乎要求的，超出规定限额且无专项审批的，财务复核人员必须一律退回。

（四）所有费用报销必须在时限内提供相应单据及审批申请给财务人员，逾期的将不予报销。

（五）财务人员收到单据后，对于没有问题的单据在7天内必须完成报销；超过规定时间没有完成报销的，给予财务人员每次100元的处罚。

第二十条　报销时间的规定：各项费用必须于次月5个工作日内交单报销。

第二十一条　以上费用凡属品质管理中的质量成本列举事项，报销费用时由业务经理与品质经理共同确认，按品质管理中质量成本约定的责任承担比例，明确在报销单据上写明造成此笔费用的责任人及承担比例，财务部据此执行扣罚。

第二十二条　所有发票必须清晰记载单位名称、开票日期、业务内容、大小写金额、开票人、开票单位印章或当地税务机关的代开发票专用章，所有发票的背面要有经办人员的签名和报销日期。

（一）采购发票的要求：发票应当清晰写明单位名称、货物名称、型号、单价、大小写合计金额、开票人签名，增值税发票要保持票面清洁。

（二）餐票正面必须有消费日期、单位名称、消费价目清单，发票上的时间、地点应与"费用开支申请及审批表"的时间、地点吻合。

（三）礼品发票正面必须有礼品名称、单价、总金额、采购地点，背面必须有两个以上经办人员签名并附有采购之前已被审批的申请表。

（四）所有报销凭据应用钢笔或签字笔填写，否则财务部有权不予报销。

（五）必须确保所有发票的真实性，财务部在审核时如发现有假发票，一律不允许报销，且后期也不允许该报销者再使用其他发票来替代。

（六）票据的粘贴和填写要求如下。

1. 所有票据必须填写费用的实际发生日期。

2. 填写招待费及业务费时，要填写招待客户名称及部门（只填写部门即可，可不填写人名）。

3. 填写交通费时，要填写交通费的发生日期或发生周期。

4. 表单上不可有涂改迹象，合计金额为最终金额。

5. 填写大小写金额时，字迹工整（不可忘记大写金额的填写）。

6. 空白项无内容的要画好斜线。

7. 不同月份的发票不可在一张单据上体现。

8. 特殊费用一定要在备注栏内注明。

9. 所有小票要一张张叠层粘贴，不可超过费用报销单大小，大张发票超出费用报销单的要将其按费用报销单大小折叠整齐。

（七）费用报销单上必须写明费用性质（同预算项目要一致）。

第五章　处罚办法

第二十三条　经办人员营私舞弊、弄虚作假的，对其违规违纪金额不予报销，对已经报销的，除退回违规报销金额外，同时对经办人员进行处罚。

第二十四条　部门负责人对经办人员因违规造成公司损失的承担连带责任。

第二十五条　财务审核人员审核不严使公司造成损失的，应同时追究财务审核人员的责任，对财务审核人员进行处罚。

第二节　控制市场推广费

市场推广方法一般包括人员销售、广告、销售促进、直复销售及公关五种。任何企业都不会只使用其中一种方法，而是综合运用，以获得最大的推广效果。提高市场推广的效率和扩大市场推广的影响，发挥其对产品销售的促进作用，是销售成本控制要关注的主要方面。

一、选择合适的推广媒体

企业在选择推广媒体时不仅要把产品信息传递给预定的销售对象，还要注意不同推广媒体的费效比。一般来说，企业选择媒体时应注意以下因素，如表7-1所示。

表 7-1　企业选择推广媒体时应注意的因素

序号	因素		具体内容
1	市场方面的因素	消费者的属性	企业要根据消费者的性别、年龄、教育程度、职业及地域等来决定选用何种推广媒体
		产品的特性	各种产品的特性不一样，企业应根据产品特性选择推广媒体
		产品的销售范围	产品是在全国性市场上销售，还是在地方性市场上销售，这关系到广告接触者的范围大小，企业可据此选择较经济有效的推广媒体

（续表）

序号	因素		具体内容
2	推广媒体方面的因素	媒体量的价值	企业在选择推广媒体时要考虑媒体量的价值，如报纸的发行量、杂志的发行量、电视的收视率、电台的收听率等
		推广媒体的价值	企业要考虑推广媒体的接触层次，应仔细分析其类型与产品的目标消费者的类型是否符合；要考虑推广媒体的特性、优缺点，节目或编辑内容是否与广告效果有关
		推广媒体的经济价值	企业要慎重考虑各推广媒体的成本费用，不仅要考虑推广媒体的实际支付费用，还要考虑相对成本，如印刷媒体的每天读者数，或电波媒体每分钟每千人的视听成本
3	企业方面的因素	企业销售策略的特点	企业的销售策略不同，选择推广媒体的标准也不同
		企业的促销战略	如策划一个赠送样品的活动，企业就要选用能配合赠送样品活动的推广媒体
		其他	企业要考虑活动的基本目的、广告预算的分配和自身的经济能力
			企业应清楚行业竞争者使用推广媒体的情况与战略，以知己知彼

二、制定推广费预算

一般来说，企业制定推广费预算时可参考以下四种方法，如图7-4所示。

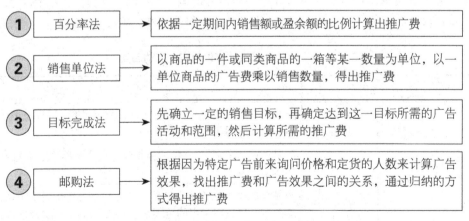

图7-4　制定推广费预算的方法

三、进行促销管理

一般来说，企业在对促销活动进行管理时主要从以下两个方面加强成本控制。

（一）加强人力控制

加强人力控制的工作包括对终端管理人员的协调，终端周边相关人员关系的协调，促销人员的招聘、培训、安置等工作，以保证促销人员到位、促销品到位。

（二）加强物料控制

企业在进行促销管理的过程中也要加强物料控制，具体内容如图 7-5 所示。

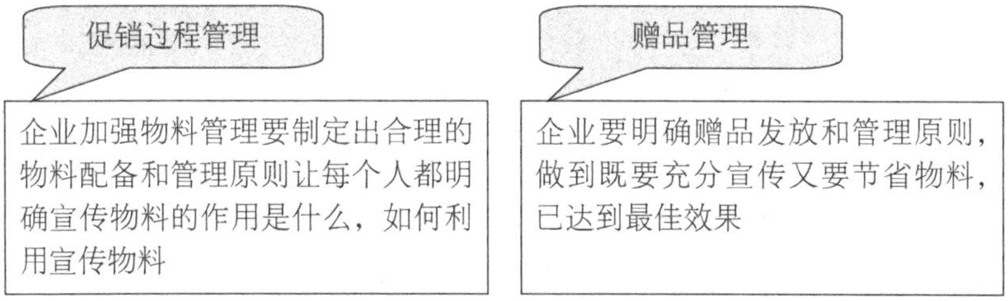

促销过程管理	赠品管理
企业加强物料管理要制定出合理的物料配备和管理原则让每个人都明确宣传物料的作用是什么，如何利用宣传物料	企业要明确赠品发放和管理原则，做到既要充分宣传又要节省物料，已达到最佳效果

图 7-5　促销管理过程中的物料控制

第三节　降低仓储物流成本

企业应与运输公司签订相关协议，对于在运输过程中因散包、产品保管不当而造成的损失，运输公司要给予赔偿；企业还应选择合理的运输方式、最佳的运输手段，加强仓储人员对产品的管理意识，尽量避免运输过程中出现问题。

一、销售物流成本的局部控制

销售物流成本的局部控制是指企业在销售物流活动中针对销售物流的一个或某些环节的支出采取的控制策略，其基本内容如下。

（一）运输费用的控制

运输费用是承运单位向客户提供运输劳务所产生的费用，该费用占物流费用的比重较大。有调查结果表明，运输费用占物流总费用的 40% 左右，是影响物流费用的重要因素。运输费用的控制点主要包括运输时间、运输的准确性和可靠性以及运输批量水平等。运输费用的控制方式包括加强运输的经济核算、防止运输过程中出现差错、做到安全运输等。

（二）装卸搬运费用的控制

装卸搬运费用是产品在装卸搬运过程中产生的费用。装卸搬运活动是保障销售物流各环节活动正常进行的关键，其控制点在于管理好储存产品，减少装卸搬运过程中产品的损耗、装卸时间等。装卸搬运费用的控制方法主要包括合理选择装卸搬运设备；防止机械设备的无效作业；合理规划装卸搬运方式和装卸搬运作业过程，如减少装卸搬运次数、缩短操作距离、提高被装卸搬运物资纯度等。

（三）订货处理成本的控制

订货处理成本主要是指向客户交货过程中产生的费用，其主要控制措施有减少交货地点、与客户协商简化交货约束条款等。

（四）退换货成本的控制

退换货成本是指处理客户由于产品质量问题或运输过程中出现损耗、退换货物而产生的费用。鼓励客户尽可能地大批量订货是控制退换货成本的主要措施。

（五）储存费用的控制

储存费用是指物资在储存过程中产生的费用，其控制点在于简化出入库手续、有效利用仓库、缩短储存时间等，控制措施主要是强化对各种储存费用的核算和管理。

（六）包装费用的控制

包装起着保护产品、方便储运、促进销售的作用。据统计，多数产品的包装费用约占全部物流费用的 10%，有些产品特别是生活用品的包装费用占比高达 50%。包装费用的控制点主要是包装的标准化和减少运输时包装材料的耗费，控制措施一般包括以下几点。

（1）选择包装材料时要进行经济分析。

（2）运用成本核算方法减少包装费用。

（3）做好包装的回收和旧包装的再利用。

（4）努力实现包装尺寸的标准化、包装作业的机械化等。

二、销售物流成本的全局控制

销售物流成本的全局控制包括企业在事前、事中和事后对销售物流成本进行预测、计划、计算、分析、反馈、决策等。销售物流成本的全局控制有别于局部控制，具有系统性、综合性、战略性的特点，具有较高的控制效率。销售物流成本全局控制的目标是集成局部控制目标，促使企业销售物流成本趋向最小化。

第四节 降低售后服务成本

提高全员质量意识，不但可以减少质量问题的发生，也可以减少因质量问题而产生的退货费用或者因处理客户索赔产生的费用等。虽然提高产品质量能有效降低售后服务成本，但售后服务成本仍然是企业运营成本的一个重要组成部分，因为良好的售后服务是实现企业销售目标的条件之一。企业承诺的售后服务项目越多，标准越高，售后服务成本也就越高。

一、售后服务策略

（一）全面售后服务策略

全面售后服务是指企业为消费者提供他们需要的产品后，在产品生命周期内为消费者提供的所有服务。这种服务策略适用于经济价值高、寿命周期长、结构复杂、技术性强的产品。同时，全面售后服务策略能够增强企业的竞争力，提高企业的市场占有率，给企业带来良好的经济效益和社会效益。

（二）特殊售后服务策略

特殊售后服务策略是指企业向消费者提供其他企业所没有的售后服务，最大限度地满足消费者的需要。这种策略适用于经济价值比较高、寿命周期不太长的产品，特别是季节性产品和专利性产品。

（三）适当售后服务策略

适当售后服务策略是指企业根据经营目标、市场环境、产品特点和消费者需求，仅对购买者的某些服务项目提供特定的服务。这种策略适用于中小型企业，这些企业由于受到人力、物力、财力的限制，为了控制生产成本和服务成本，只能为大多数消费者提供适当的售后服务项目。适当售后服务策略的优点是可以有效地控制和降低生产成本和服务成本，缺点是有可能引起消费者的不满，削弱企业的竞争力。

二、维修备件成本控制

为了提高效率，企业的维修备件必须充足。但参与循环的维修备件将进入持续的跌价损失过程，已不可能再用于生产销售。维修备件的跌价损失是服务成本的体现之一。由于维修备件成本长时间处于待摊状态，售后服务成本的隐性和滞后问题在管理中往往容易被忽略。

（一）维修备件成本计入产品销售成本

售后服务的维修备件成本应计入产品销售成本，使隐性变显性、滞后变实时，实施总量控制，回收残值。

表面上看，产品销售成本上升会给销售带来压力。其实，这只是把隐性成本变换为显性成本，将成本变现提前，而总成本并未增加。企业可以采取各种弥补措施，改善经营质量，把显性成本的影响降到最低。例如，企业可以科学策划产品、降低采购成本、提高产品质量、合理定价、控制损耗、转移部分维修备件成本给供应商等。这种变换的优点如下。

（1）时效性强，维修备件成本按比例实时摊入产品销售成本，并在定价的过程中被加以考虑，最终有利于企业获得合理利润。

（2）账面库存资产规模得到有效控制，各项财务指标得以改善。

（3）总库存资产中跌价损失成分减少，资产质量提高。

（4）备件库存资产的财务处理简单化，利润的水分减少，但这并不意味着企业放松了对备件库的有效管理。

（二）备件库账面规模总量控制

如果由于备件库资产未如期执行跌价处理，账面规模已相当可观，那么企业必须采取总量控制措施，抑制账面规模继续膨胀。例如，IT 产品的保修期通常为三年，维修备件三年应折旧完毕，备件库规模应以过去三年的销售总成本、本年度销售总成本（计划）、存货年周转次数为依据，按比例设置控制点。

（三）注重备件残值回收工作

注重备件残值回收工作要求售后服务人员有高度的主观能动性。售后服务部门应成立专门的修旧利废工作小组，同时推行有效的工作技巧及人员考核激励措施。例如，选择部件最佳寿命点拍卖，将拍卖所得用于备件升级或冲减备件费用；选择最佳的部件淘汰、替代方案，减少跌价损失。

（四）业绩考核

企业应在保证资产质量的前提下，制定合理的利润指标，并在业绩考核过程中剔除坏账和库存跌价损失。

三、售后服务成本管理

（一）建立售后服务中心，完善售后服务成本控制机制

企业可以成立专门的售后服务中心，为售后服务成本控制提供组织机制保障。售后服务中心可将售后服务成本处理为销售成本，使售后服务成本从隐性成本变为显性成本，并使企业明晰售后服务成本的概念，增强对售后服务成本的控制意识。

（二）售后服务渠道多元化

采用多元化的售后服务和技术支持方式，改变单一售后服务渠道带来的成本增加，提倡以成本较低的服务方式来满足不同的售后服务需求。例如，利用廉价的网络在线技术支持，解决简单的技术问题，以降低售后服务成本。

第五节 控制销售人员费用

销售人员的薪酬是销售人员费用的重要组成部分，薪酬水平的高低和薪酬形式的不同直接影响销售活动的最终效果。销售人员的薪酬一般由基本工资、奖金（包括佣金或利润提成）、津贴、福利（包括保险）、特殊奖励等构成。其中，基本工资和福利属于固定费用；奖金、津贴和特殊奖励属于变动费用，按业务完成比例提取。

一、销售人员的薪酬设计

销售人员有别于一般管理人员和生产人员，因为他们的工作时间自由，完全以市场为导向，很难以上班时间的长短进行薪酬计算。销售人员的薪酬一般都是以销售业绩来衡量的，每日、每月、每季度的销售量清楚地显示着销售人员的工作业绩。

销售人员的薪酬设计模型比较简单。但基于这种模型，不同企业可以有不同的选择。常见的销售人员薪酬设计模型包括纯基本工资制、基本工资＋奖金制、基本工资＋业务提成制、基本工资＋业务提成＋奖金制、纯业务提成制五种，如表7-2所示。

表7-2　销售人员的薪酬设计模型

模式	底薪	业务提成	奖金	福利	缺点	优点
纯基本工资制	A	0	0	V	完全没有激励性	员工收入稳定，有一定保证
基本工资＋奖金制	A	0	B	V	激励性不强	员工收入稳定且有一定的激励性
基本工资＋业务提成制	A	$N\% \times$ 业务量	0	V	/	员工收入稳定且有较强的激励性
基本工资＋业务提成＋奖金制	A	$N\% \times$ 业务量	B	V	/	员工收入稳定且有较强的激励性，有归属感

（续表）

模式	底薪	业务提成	奖金	福利	缺点	优点
纯业务提成制	0	N%× 业务量	0	V	员工收入没有保证	激励性非常强

说明：A=有，B=按一定比例发放，0=无，V=与其他员工同等。

二、销售人员薪酬发放方案

设计销售人员薪酬发放方案是薪酬体系方案设计的主要难点之一，薪酬发放制度合理与否直接决定了销售人员工作积极性的高低。为了使薪酬发放制度对销售人员产生足够的、有效的激励作用，企业可以根据自身情况从以下六种薪酬发放方案中选择适合自己的方案。

（一）高底薪 + 低提成

以高于行业平均水平的底薪、适当或略低于行业平均水平的提成发放薪酬，该制度在外企或国内大型企业中执行得比较多。该制度能留住忠诚度高的老销售人员，也容易吸引一些有能力的人才。但是，该制度对销售人员的学历、外语水平、计算机水平等有一定的要求。

（二）中底薪 + 中提成

以行业平均底薪和行业平均提成为标准发放薪酬。该制度主要用于国内一些中型企业，对一些能力不错但学历不高的销售人员有很大的吸引力。

（三）低底薪 + 高提成

以低于行业平均水平的底薪、高于行业平均水平的提成发放薪酬。该制度主要用于国内一些小型企业，它不仅可以有效促进销售人员的工作积极性，而且企业也无须支出过高的人力资源成本，对一些能力突出、经验丰富而学历不高的销售人员有一定的吸引力。

（四）分解任务量

这是一种比较新的薪酬发放方案，能够较公平地给每位销售人员发放薪酬，彻底打破传统的基本工资＋业务提成的模式。这种薪酬发放方案去繁就简，让每位销售人员清楚地知道具体的收入，从而能充分激励优秀的销售人员。

（五）达标高薪制

顾名思义，这是一个只要达到标准就能拿到高薪酬的制度。具体的薪酬发放方式：最高薪酬 −（最高任务额 − 实际任务额）× 制定百分比 = 应得薪酬。这里的"制定百分比"非常关键，其应略大于最高薪酬与最高任务额的比值。

（六）阶段考评制

该薪酬发放制度也采取基本工资＋业务提成制，并按月发放，但企业会根据季度考核指标，在每月发放薪酬时不完全发放提成，例如，先发放一部分提成，剩下的要到三个月后按照总业绩是否达标进行综合考评，达标后再发放三个月的累计提成。该方式能有效杜绝销售人员将本应该完成的业绩滞后或提前预支下个月的业绩，并且能有效减少有能力的销售人员干不满三个月就辞职的情况。

三、销售人员报销管理

销售人员报销管理要点如表7-3所示。

表7-3　销售人员报销管理要点

序号	要点	说明
1	无报销计划不予报销	按销售计划，因销售产生的销售费用予以报销，但需要有计划或者向有关部门和领导申请，最好要有预算或做出投入和回报分析
2	报销原始单据要齐全	报销的费用要有原始单据，要求加盖相应的公章，没有的不予报销。这样能避免销售费用的虚报、多报、假报
3	报销要准时	报销的时效性是财务部门的要求，可以起到算明账的作用，使报销在规定期内进行，减少不必要的麻烦
4	特殊情况报销要经过特殊审批	特殊情况需要经过特殊审批，否则不予报销
5	先贴付，后核销	企业必须遵守"算进不算出"的财务原则，这也是降低风险、加强资金管理的一项工作

四、销售人员离职率控制

销售人员的过度流动是当前企业销售人员管理中的突出问题。一方面，销售人员过度流动会给企业造成一定的损失，不仅会增加企业的人力资源管理费和培训费，而且会出现账目不清、客户流失、大量应收款收不回等情况；另一方面，销售人员的社会需求旺盛，跳槽机会多，工作转换成本低，其积累的客户资源和经验比较容易转移到新的企业。企业应该从收入和福利、内部人际关系、销售指标、个人发展机会四个方面控制销售人员的离职率。

（一）收入和福利

销售属于高压力、高风险的职业。尤其在一些市场竞争激烈的行业，很多销售人员并不想把销售作为自己的终身职业。高付出必然追求高回报，收入和福利是销售人员在择业时考虑的主要方面，也是造成销售人员过度流动的主要因素，企业应予以高度关注。

（二）内部人际关系

销售部牵涉到企业方方面面的利益，往往是企业内部人际关系最复杂、人际冲突最严重的一个部门。内耗不仅牵制销售人员的主要精力，导致销售业绩下滑，而且会造成销售人员流失。人力资源部应建立完善的招聘录用、绩效考核制度，以保证对每位销售人员做到公平公正。

（三）销售指标

很多企业都出现过这样的现象，销售人员的收入有很大一部分来自奖金或提成。过高的销售指标不仅造成销售人员的收入大幅降低，而且会使他们失去信心，甚至选择离职。

　　只有销售人员内心认可的、有信心完成的指标，才是对销售有利的指标。一般情况下，企业应将奖金或提成的底线设在指标完成率的80%左右，让90%的员工能够完成。

（四）个人发展机会

许多销售人员离职是为了获得更高的职位、更好的个人发展机会，所以企业应把更多的升职机会留给在本企业有一定工作年限的销售人员，鼓励他们留下，这也能为新员工树立榜样。

第六节　提高货款的回笼率

制订合理的资金回笼计划，保证客户严格按照合同规定进行货款回笼，可以降低企业的成本，提高资金的周转率。

一、有计划地收取货款

销售人员的收款工作是根据合同约定的付款方式和时间进行的，销售人员在收款时要做好计划，协调好各方面的关系，以顺利完成收款工作。

（一）整理资料

（1）销售人员要根据客户情况采用信函、快递、电话或电子邮件等方式事先通知客户。

（2）销售人员要整理好客户销货或者往来交易的资料，包括交易时间、交易数量、约定的付款时间、应收款金额等。

（二）联系客户

销售人员在收取货款之前或者货款到期前要先与客户联系，确定好收款时间和数额，让客户对自己应付的货款有所了解和准备。

（三）正式向客户收取货款

销售人员向客户收取货款时应注意的事项如图7-6所示。

事项一	客户在付款时，不论是使用支票还是现金，销售人员都要当面点清；另外还要防止假钞，留心支票的各种注意事项
事项二	如果客户不能一次性支付全部货款，销售人员要将尚未支付的款项列入"欠款确认书"并请客户签字确认
事项三	收取货款时，如果客户因有事外出，销售人员可向其他有关人员收取；如对方因手续或责任上不允许，而客户短时间内无法赶回时，销售人员可暂时离开并留下字条，稍后或改日再去收取货款
事项四	如果客户采取电子银行转账的方式，则销售人员应告知其企业银行账户
事项五	收款后如没有特殊事件需办理，销售人员最好及时礼貌致谢道别

图 7-6　销售人员向客户收取货款时应注意的事项

（四）收款后登账、交款

销售人员在收回货款后要做好以下工作。

（1）登录记账。销售人员对每天回收的货款要逐一做好记录，以免日后发生纠纷。一般企业都有"货款回收登记表"，销售人员要认真填写。

（2）及时交款。销售人员收回货款后，无论是现金还是支票都要及时将其交到财务部，以免发生意外。

二、防止呆账、坏账发生

销售人员不仅要有好的业绩，还要尽力减少呆账、坏账的发生。在平时的工作中，销售人员应向客户提供良好的产品、优质的服务，以避免客户为拖欠货款找借口。

但是，有些客户总会因为一些原因不能及时付款。发生客户拖欠货款时，销售人员要先分析客户拖欠货款的原因，然后采取有针对性的办法。当然，最好的办法是防止货款拖欠发生，具体方法如图 7-7 所示。

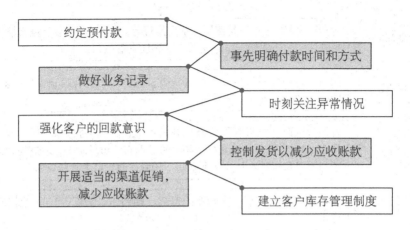

图7-7　防止呆账、坏账发生的方法

（一）约定预付款

销售人员在与客户商讨协议时可将预付款作为成交的条件，即使在其他方面做出一些让步，也要让客户预付货款。

（二）事先明确付款时间和付款方式

合同中要明确各项事宜，尤其是付款时间和付款方式，防止客户找借口拖欠货款。这样即使客户不按时付款，诉诸法律时也有据可依。

（三）做好业务记录

每一次出货、发货都要做好记录并让客户签字（当面或传真方式），明确在哪一天客户购买了哪些货物、合计多少金额、每一笔货款按约定时间回笼等，以免日后发生争议。

（四）时刻关注异常情况

如客户发生企业法人代表变动、经营转向、办公地点更换、企业破产等情况，销售人员应马上采取措施，防患于未然，杜绝呆账、坏账的发生。如果相关负责人离职，销售人员要让其办好还款手续。

（五）强化客户的回款意识

客户在处理应付账款时会根据以下原则决定付款顺序。

（1）对自己利润贡献的多少。

（2）代理产品销售金额的多少。

（3）代理产品在客户心目中的地位。

（4）客情关系的维护程度。

（5）企业对货款管理的松紧程度。

销售经理要培训销售人员经常性地强化客户的回款意识，使客户在决定付款顺序时将本企业排在第一的位置。

（六）控制发货以减少应收账款

按照客户的实际经营情况，采用"多批少量"的方法可以有效地收回应收账款。通常每月发货 1～2 次为宜，即每次发货量为客户 15～30 日的销售量。

（七）开展适当的渠道促销，减少应收账款

实行渠道促销政策可以有效减少企业的应收账款，但这种方式要谨慎使用，不宜过频（一年一次为宜）。

（八）建立客户库存管理制度

销售人员对客户的库存进行动态管理，可以及时了解客户的经营状况，保证销售的正常运转，有效地控制应收账款。

三、催收拖欠款

销售人员一旦发现客户有拖欠货款的迹象，应尽快探知客户拖欠货款的原因，然后制定相应的收款策略。

第八章

人力资源成本控制

　　人力资源成本是企业为了实现自己的目标，创造最佳经济效益和社会效益，而进行招聘、开发、培训、保障必要的人力资源及人力资源离职所支出的各项费用的总和。企业要想发展，就必须有效地控制人力资源成本，提高管理效率。

第一节　人力资源成本的构成

人力资源成本是指企业为取得和开发人力资源而产生的费用，包括人力资源取得成本、开发成本、使用成本和离职成本。

一、取得成本

取得成本是指企业在招募和录用员工的过程中发生的成本，主要包括招聘成本、选拔成本、录用成本和安置成本，具体说明如图8-1所示。

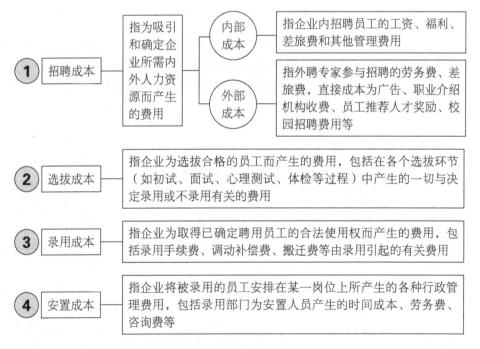

图8-1　取得成本的构成

二、开发成本

开发成本是指企业为了提高员工的能力、工作效率及综合素质而产生的费用，主要包括岗前培训成本、岗位培训成本和脱产培训成本，具体说明如图8-2所示。

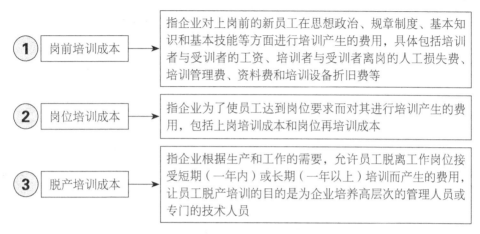

① 岗前培训成本 ⟶ 指企业对上岗前的新员工在思想政治、规章制度、基本知识和基本技能等方面进行培训产生的费用，具体包括培训者与受训者的工资、培训者与受训者离岗的人工损失费、培训管理费、资料费和培训设备折旧费等

② 岗位培训成本 ⟶ 指企业为了使员工达到岗位要求而对其进行培训产生的费用，包括上岗培训成本和岗位再培训成本

③ 脱产培训成本 ⟶ 指企业根据生产和工作的需要，允许员工脱离工作岗位接受短期（一年内）或长期（一年以上）培训而产生的费用，让员工脱产培训的目的是为企业培养高层次的管理人员或专门的技术人员

图8-2 开发成本的构成

三、使用成本

使用成本是指企业在使用员工的过程中产生的费用，主要包括维持成本、奖励成本、调剂成本、劳动事故保障成本和健康保障成本，具体说明如图8-3所示。

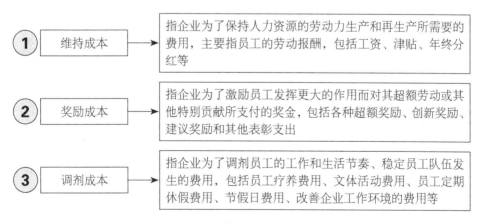

① 维持成本 ⟶ 指企业为了保持人力资源的劳动力生产和再生产所需要的费用，主要指员工的劳动报酬，包括工资、津贴、年终分红等

② 奖励成本 ⟶ 指企业为了激励员工发挥更大的作用而对其超额劳动或其他特别贡献所支付的奖金，包括各种超额奖励、创新奖励、建议奖励和其他表彰支出

③ 调剂成本 ⟶ 指企业为了调剂员工的工作和生活节奏、稳定员工队伍发生的费用，包括员工疗养费用、文体活动费用、员工定期休假费用、节假日费用、改善企业工作环境的费用等

图8-3 使用成本的构成

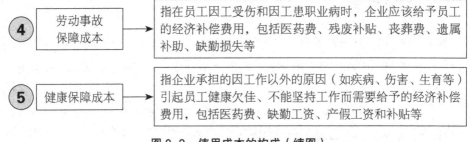

图 8-3　使用成本的构成（续图）

四、离职成本

离职成本是指企业在员工离职时可能支付给员工的离职津贴、一定时期的生活费、离职交通费等费用，主要包括离职补偿成本、离职管理费用、离职前效率损失和离职空缺成本，具体说明如图 8-4 所示。

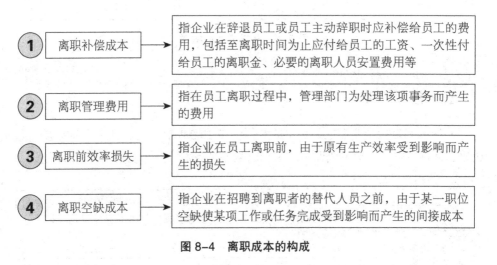

图 8-4　离职成本的构成

第二节　人力资源成本预算与管理

人力资源管理成本预算是企业在一个生产经营周期（一般为一年）内，人力资源全部管理活动预期的成本支出的计划。科学合理的人力资源预算有利于企业从整体上把握和控制人力资源的使用成本和管理成本，有利于企业有效地分析和评估人力资源的使用效率和水平。企业只有在做好人力资源成本预算的前提下，以成本控制为依据，才能采取有效措施，做好招聘、培训、考核、岗位晋升、调薪、年终奖发放等各项人力资源具体工作，最大限度地调动员工积极性。

一、人力资源成本预算的编制

（一）人力资源成本预算编制流程

人力资源成本预算编制流程如图 8-5 所示。

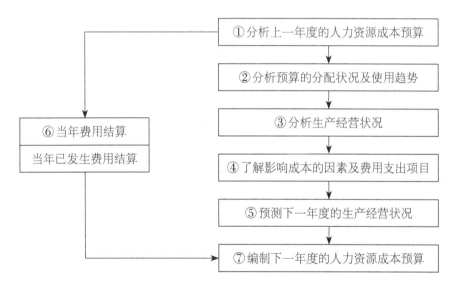

图 8-5　人力资源成本预算编制流程

人力资源成本预算编制说明如表 8-1 所示。

表 8-1　人力资源成本预算编制说明

节点控制	相关说明
①	人力资源部考察上一年度人力资源成本预算的决算情况
②	对历年预算决算进行对比研究，分析人力资源成本的分配状况及使用趋势
③	人力资源部对企业的生产经营状况进行分析

（续表）

节点控制	相关说明
④	人力资源部调查、了解影响人力资源成本的因素及费用支出项目
⑤	人力资源部根据企业的发展目标及上一年度的生产经营状况预测下一年度的生产经营状况
⑥	人力资源部根据企业的规划预测当年可能发生的费用，并对当年发生的费用进行结算
⑦	人力资源部根据上一年度的各项数据编制下一年度的人力资源成本预算

（二）人力资源成本核算的工作内容

（1）人力资源成本核算的工作内容如图 8-6 所示。

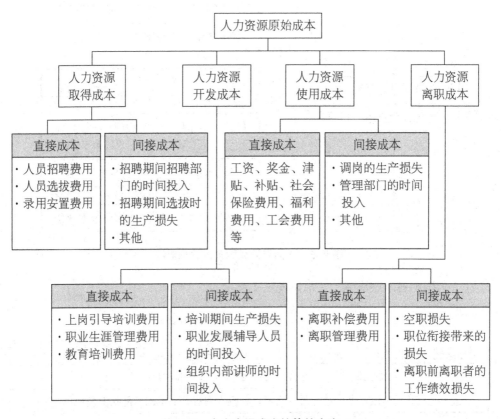

图 8-6　人力资源成本核算的内容

（2）人力资源部在进行预算编制时应考虑各项可能变化的因素，留出预备费用，以备产生预算外支出。

（三）人力资源成本预算用表

（1）人力资源管理年度费用预算表如表8-2所示。

表8-2　人力资源管理年度费用预算表

编号：

序号	费用项目			上年度实际	本年度预测	变动量	变动率/%	备注
1	工资成本		基本工资/元					
			计时工资/元					
			计件工资/元					
			职务工资/元					
			奖金/元					
			津贴/元					
			补贴/元					
			加班工资/元					
	福利与保险	福利	员工福利费/元					
			住房公积金/元					
			员工教育经费/元					
			员工住房基金/元					
		保险	基本养老保险/元					
			基本医疗保险/元					
			失业保险/元					
			工伤保险/元					
			生育保险/元					
	招聘费用		招聘广告费/元					
			招聘会会务费/元					
			高校奖学金/元					

（续表）

序号	费用项目			上年度实际	本年度预测	变动量	变动率/%	备注
2	培训费用	培训	教材费/元					
			讲师劳务费/元					
			培训费/元					
			差旅费/元					
		公务出国	护照费/元					
			签证费/元					
3	行政管理费用	办公用品与设备费/元						
		法律咨询费/元						
4	其他支出	调研费/元						
		测评费/元						
		专题研究会议费/元						
		协会会员费/元						
		认证费/元						
		辞退员工补偿费/元						
		残疾人就业保证金/元						
合计								

（2）年度招聘计划及费用预算表如表8-3所示。

表8-3　年度招聘计划及费用预算表

一、招聘目的	通过招聘的开发与管理，为各部门提供招聘工作的流程和依据，建立良好的人才选用机制，满足公司发展对岗位人才的需求			
二、招聘方法/渠道	内部招聘：岗位晋升□　岗位轮换□　内部推荐□			
	外部招聘：网络媒体□　校园招聘□　猎头□　现场招聘会□			
三、年度招聘费用预算总计＝___元/年	一季度	二季度	三季度	四季度
	小计：___元	小计：___元	小计：___元	小计：___元
四、年度公司人员编制定额	___人		目前人员配置额	___人

五、年度各部门岗位设置、人员配置规划						六、招聘实施时间计划			
部门名称	定编人数	现有人数	申报人数	核定人数	核定招聘岗位的职位概要	一季度	二季度	三季度	四季度
招聘责任人编制：			人力资源总监审核：			总经理审批：			

（3）部门招聘成本预算表如表8-4所示。

表8-4 部门招聘成本预算表

所需职位	空缺职位数／个	拟采取的招聘方式	预算／元
基层员工			
中层员工			
高层员工			
人力资源部意见	负责人签字： ____年__月__日		
总经理审核意见	负责人签字： ____年__月__日		

（4）招聘成本登记表如表8-5所示。

表 8-5　招聘成本登记表

招聘项目		时间及地点	参加部门	各部门招聘负责人签名
备注		招聘负责人		
		招聘费用		

（5）招聘工作成本分析表如表 8-6 所示。

表 8-6　招聘工作成本分析表

招聘部门	人力资源中心		招聘组成员	
招聘周期	第一季度		招聘	
第一部分　计划效益分析				
效用项目	效用科目	岗位/工种	折算金额/元	备注
计划效用	计划招聘效用			计划招聘的所有岗位的工资总额
实际效用	实际预约效用			均按该岗位原增补单申请的定薪标准乘以人数计总
	实际初试效用			
	实际终试效用			
	实际到岗人力效用			
	实际花费工资总额			按实际到岗后试用期谈定工资总额计总
达成率	计划招聘完成率			
	招聘薪资节约率			

（续表）

第二部分　费用成本分析				
成本项目	费用科目		项目	折算金额/元	备注
招聘成本	宣传海报制作费用				
	招聘场地租用费				
	广告费				会议现场的水果、饮料费用
	交通费				出租车费用
	食宿费				
	接待费				接待储备人才
	招聘资料打印费				纸张成本：0.5元/张
	其他专项费用				如猎头佣金、人才推荐奖励
面试成本	面试时间成本	电话邀约			每人2分钟，时间成本按50元/时计
		简历筛选			每个岗位8小时，时间成本按50元/时计
		面试			每人30分钟，面试官按100元/时计
	录用亏损成本				每人90分钟，通知录用未到岗一次性亏负的成本，面试官的时间成本按平均100元/（人·时）计算
	其他成本				
录用成本	试用期工资标准				试用期累计
	社保				含部分本月入职及上月入职未交社保的员工
	公积金				上月入职员工
	新员工福利				新员工大礼包、礼品费用
	其他费用				入职资料打印费、办公用品费、上岗培训成本（按日均工资计总）等费用

（续表）

成本项目	费用科目	项目	折算金额/元	备注
人员流失成本	面谈时间成本			入职面谈、离职面谈、薪酬面谈产生的时间成本
	缺岗时间成本			离职后未完成替补人员招聘产生的时间成本
	其他成本			
总计				
招聘效用成本比				

（6）培训费用预算明细表如表8-7所示。

表 8-7　培训费用预算明细表

序号	项目名称	参训人数	培训费用									备注
			人员费用	场地及设施设备费用			材料费用					
			讲师津贴/元	场地费用/元	设备费用/元	设备折旧/元	资料印刷费用/元	教材购买费用/元	食宿费用/元	文具费用/元		
费用合计												
审核		签名：　　　　　　　日期：										
批准		签名：　　　　　　　日期：										

（7）各培训课程费用明细表如表 8-8 所示。

表 8-8 各培训课程费用明细表

课程对象	允许发生费用						
	外训费用	外聘费用	内部费用				
			讲师津贴	食宿费用	培训场地费用	培训资料费用	培训文具费用
新员工							
岗位培训							
领导力与人才发展							
学历与技术进修							
其他培训							

（8）员工离职成本核算表如表 8-9 所示。

表 8-9 员工离职成本核算表

姓名：　　　　　　　　　　岗位：　　　　　　　　　　离职总成本：

项目	成本明细	数量	单位	说明
培训开发成本	培训人员月工资		元	月工资含薪资、福利等
	培训花费工时		时	培训该员工所花费的时间
	其他培训费用		元	由培训组统计的其他费用，如材料费用、交通费用、活动费用等与培训相关的费用
	每月培训成本小计		元	培训人员的时间成本+其他培训费用
管理成本	直属主管分管的人员数		人	下属总数
	直属主管分管人员时间		时	直属主管用于人员管理的时间占总体工作时间的1/3
	直属主管的月工资		元	月工资含薪资、福利等
	人力资源离职、入职手续办理人员薪资		元/时	人力资源离职、入职手续办理人员的薪资、福利等

项目	成本明细	数量	单位	说明
管理成本	平均每个手续的办理时间		小时	具体流程办理所用时间
	每月管理成本小计		元	直属主管的管理成本+人力资源相关手续的办理成本
再招聘成本	面试一名人员所需成本		元/人	引用"面试时间成本"所得数据
	招聘一名员工需面试多少人		人	一般面试多少人才有一个理想的应聘者
	招聘甄选、录用的准备成本		元/人	主要包括确定招聘策略和招聘渠道、修订岗位描述、准备招聘广告、选择、测试等成本
	每月其他成本小计		元	面试一名人员的时间投入成本+其他材料及渠道成本
再招聘人员试用成本	再招聘人员底薪（试用工资）		元/月	填补空缺岗位的再招人员的底薪
	再招聘人员社保及福利		元/月	薪资和其他人力资源成本
	再招聘人员其他各项费用成本		元/月	除薪资福利外的其他费用
	再招聘人员适应岗位周期		月	再招聘人员转正所需周期
	每月试用成本小计		元	再招聘人员的各项费用
差异成本	离职人员原薪资福利合计		元/月	原薪资福利与再招聘员工薪资福利之差，可正可负
	再招聘人员薪资福利合计		元/月	
	再招聘人员绩效优于原离职员工		元/月	上岗后6个月以内的绩效
	岗位空缺后节省的薪资及福利		元/月	没有招聘或无须再招聘的情况（原岗位由于离职而省却）
	差异成本小计		元	离职人员与再招聘人员的各项费用之差+业绩之差+岗位省却费用

项目	成本明细	数量	单位	说明
离职人员访谈人力资源成本	离职人员访谈时间		时	对离职人员进行挽留、与其协商花费的时间
	部门访谈人员薪资		元/时	部门访谈人员的小时薪资
	人力资源访谈人员薪资		元/时	人力资源访谈人员的小时薪资
	每月其他成本小计		元	对离职人员进行挽留或处理与其相关的纠纷产生的成本
相关补偿	离职补偿金		元	员工每工作一年支付一个月工资（辞退、协商解除）
	代通金		元	提前一个月通知，支付一个月工资
	其他实际支付费用		元	其他在离职时实际支付的费用
	因离职产生的纠纷仲裁等费用		元	如仲裁材料准备费用或相关手续支付费用，按实际支付金额计算
	每月其他成本小计		元	各项实际支付费用的总和
岗位空缺损失	空缺周期		月	该岗位从人员离职到新员工到岗的中间阶段
	空缺损失		元/月	平均劳动生产率×该岗位投入成本－岗位投入成本
	加班成本		元/月	因岗位空缺，需要其他人员完成工作而产生的成本
	主管协调成本		元/月	因岗位空缺，主管需要协调其他人员负责该岗位工作而产生的成本
	损失生产率费用小计		元	空缺损失×空缺周期+加班成本+主管协调成本
离职前后生产率降低损失	离职前后生产率降低周期		月	员工从有意离职到新人到岗（一般为一个月）
	生产率降低程度			员工生产率降低后可达到的产出水平，一般为70%
	损失生产率降低成本小计		元	（该岗位投入成本－生产率降低程度×该岗位投入成本×劳动生产率）×周期

227

（续表）

项目	成本明细	数量	单位	说明
市场方面的损失	销售方面的损失		元	潜在市场销售额的下降，离职人员加入竞争对手方造成的损失
	知识产权的流逝成本		元	重要的资料文件、知识和技能等流失
	维护和恢复供应商与客户的成本		元	有关客户、供应商因员工离职而中断合作产生的损失或因维持和恢复关系而产生的成本
	企业、文化的失成本		元	企业文化因员工流失而受到的影响
	损失小计		元	各项损失的总和

测算说明：1. 本表可根据企业情况测算出一名员工的用工成本；

　　　　　2. 劳动生产率＝该岗位产出÷该岗位投入成本。

二、人力资源成本预算的执行与控制

（一）做好统计工作

企业应建立全面预算管理簿，设计人力资源成本预算执行表，如表 8-10 所示，按预算项目详细记录预算额、实际发生额、差异额、累计预算额、差异率。

表 8-10　人力资源成本预算执行表

填报单位：　　　　　填报人：　　　　　填报时间：　　　　　金额单位：元

费用分摊额		月度				本季度累计				本年累计			
		预算额	实际产生额	差异额	差异率/%	预算额	实际产生额	差异额	差异率/%	预算额	实际产生额	差异额	差异率/%
培训费用	外派学习												
	入职培训												
	业务培训												
	……												
	小计												

（续表）

费用分摊额		月度				本季度累计				本年累计			
		预算额	实际产生额	差异额	差异率/%	预算额	实际产生额	差异额	差异率/%	预算额	实际产生额	差异额	差异率/%
薪金费用	员工工资												
	保险总额												
	福利费用												
	其他												
	小计												
办公费用	办公用品												
	出差												
	小计												
……													
总计													

（二）人力资源成本预算的控制

（1）企业实行人力资源成本预算的控制时采用金额管理方法，同时运用项目管理和数量管理的方法。

金额管理：从预算的金额方面进行管理。

项目管理：从预算的项目方面进行管理。

数量管理：对一些预算项目除了进行金额管理以外，还应从预算的数量方面进行管理。

（2）在预算管理过程中，预算内的支出由人力资源负责人进行控制，由预算委员会、财务部进行监督，预算外的支出由企业主管财务的副总经理或企业总经理直接控制。

（3）预算目标是与业绩考核挂钩的硬性指标，一般情况下不得突破，企业应根

229

据预算执行的情况对责任人进行奖惩。

（4）人力资源部因遇到特殊情况确需突破预算时必须提出申请、说明原因，经企业主管领导审批纳入预算外的支出。如果支出金额超过预算，必须由预算委员会审核批准。

（5）预算剩余可以跨月转入使用，但不能跨年转入使用。

（6）预算执行过程中由于市场变化或其他特殊原因（如已制定的预算缺乏科学性或准确性不高、国家政策变化等）阻碍预算发挥作用时，人力资源部应及时对预算进行修正。

（三）预算的执行反馈与差异分析

在预算执行过程中，人力资源部要及时检查、追踪预算的执行情况，制作预算差异分析报告。

1. 预算执行情况反馈流程

预算执行情况反馈流程如图 8-7 所示。

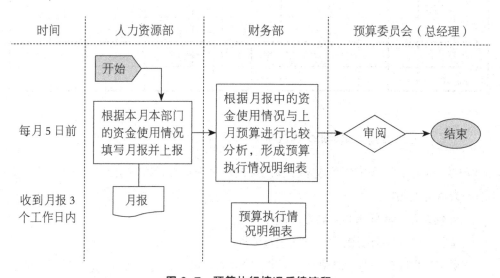

图 8-7　预算执行情况反馈流程

2. 预算差异分析报告的内容

（1）预算额、本期实际发生额、本期差异额、差异原因。

（2）对本期差异额进行分析。

（3）产生不利差异的原因、责任归属、改进措施，以及产生有利差异的原因和今后进行巩固、推广的建议。

预算差异分析报告如表 8-11 所示。

表 8-11 预算差异分析报告

金额单位：元

项目	预算额	本期实际发生额	本期差异额	差异原因
费用 分摊额				
培训费用				
外派学习				
入职培训				
业务培训				
……				
小计				
薪金费用				
员工工资				
保险总额				
福利费用				
其他				
小计				
办公费用				
办公用品				
出差				
小计				
……				
总计				
差异原因分析				

三、人力资源成本预算的考核

（一）人力资源成本预算考核的对象与作用

人力资源成本预算考核主要是对预算执行者进行考核。人力资源成本预算考核是发挥预算约束与激励作用的必要措施，通过对预算目标进行细化分解与实施激励措施，引导每一位员工为实现企业的战略目标而努力。

（二）人力资源成本预算考核的原则

人力资源成本预算考核是一个认可预算执行效果的过程，具体应遵循以下原则，如图 8-8 所示。

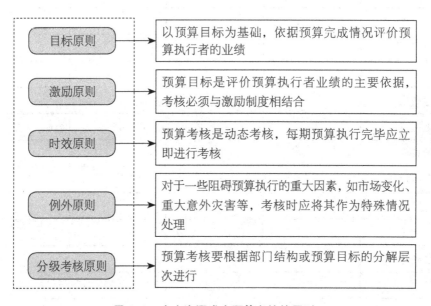

图 8-8　人力资源成本预算考核的原则

（三）人力资源成本预算考核的其他要求

企业应通过季度、年度预算考核保证人力资源成本预算得到准确执行。季度、年度预算考核是对前一季度、年度预算目标的完成情况进行考核，这样企业可以及时发现潜在的问题，必要时对预算进行修正，以适应外部环境的变化。

第三节　人力资源成本控制方法

有些企业认为控制人力资源成本就是减少开支，如降低员工工资，压缩员工的福利待遇，减少员工的培训次数，取消某些团队活动，从而达到控制人力资源成本的目的，其实这是对人力资源成本控制的误解。下面介绍几种行之有效的控制人力资源成本的方法。

一、重新搭建组织架构

企业应观察组织架构的哪些地方是需要合并的，哪些地方是需要精简的，从整个组织层面提升效能。企业应探索适合自己的组织架构，让企业及员工的效能充分发挥。

二、梳理业务流程，重新定岗定编

人力资源部的主要职责就是合理分配员工的工作。所以，人力资源部可以通过梳理业务流程来掌握企业的业务量和员工技能水平，从而对员工重新定岗定编，提高特定岗位的工作饱和度，优化岗位的编制。

三、使用工作外包的形式

企业在执行工作外包前需要考虑两点，一是员工是否接受工作外包的形式，二是员工能否合理安排外包工作。如果员工无法接受且不能合理安排外包工作，会导致人才流失，进而使企业业务受影响。

企业在员工认可的情况下使用工作外包的形式，可以有效地控制人力资源成本。企业通常会为入职员工购买五险一金，周末、节假日、请假等方面的开支也不少；若使用工作外包形式，企业应能节省之些开支，有效地控制人力资源成本支出。

此外，由人力资源产生的招聘费用、培训费用、通信费用、差旅费等，都可以通过工作外包的形式得到有效控制。

四、设置灵活的薪酬体系

固定的薪酬体系会让人丧失工作斗志，而设置灵活的薪酬体系可以激发员工工作的积极性，使员工在相同的时间内创造出更大的价值。

五、提高企业智慧化程度

智慧企业最早源自 IBM 提出的智慧地球的概念，后来智慧地球的概念细化为智慧城市，再从智慧城市细化为智慧企业。简而言之，智慧企业不仅仅是一个概念，现实生活中已经有企业成功地转型为智慧企业。

智慧化是信息化的高级阶段，因此，实现或部分实现了智慧化的企业，除了人力资源成本显著降低外，运营成本、纠错成本都会显著降低。当然，智慧企业的最大意义不是控制成本，而是系统性的提升与改善。

对于绝大多数中小企业而言，成为智慧企业或提高智慧化程度可能还有些遥远，但我们相信在不远的将来，这将不再是一种选择，而会成为必然。

扫码听课

通过学习本书内容，想必您已经了解和掌握了不少相关知识，为了巩固您对本书内容的理解，便于今后工作中的应用，达到学以致用的目的，我们特意录制了相关视频课程，您可以扫描下面的二维码进行观看。

| 1.TCM 全面成本管理 | 2.制造业成本战略 | 3.波特的总成本领先战略 | 4.建立 TCM 全面成本体系 |

| 5.全员——目标成本管理 | 6.成本管理信息化 | 7.夯实成本管理的基础 | 8.研发成本控制 |

| 9.研发成本管理 | 10.研发流程成本的控制细节 | 11.面向成本的设计（DFC） | 12.生产成本控制 |

| 13.材料成本控制 | 14.全面生产维护降低成本 | 15.通过生产线平衡降低成本 | 16.消除生产中的浪费 |

17. 加强库存控制　　18. 开展节能降耗活动　　19. 采购成本控制　　20. 采购成本控制的
基础工作

21. 实现采购成本
控制的方法　　22. 质量成本管理　　23. 质量成本管理的
分工与步骤　　24. 质量成本管理的
方法

25. 降低生产现场质量
成本的对策　　26. 销售成本控制　　27. 控制市场推广费　　28. 降低仓储物流成本

29. 降低售后服务成本　　30. 控制销售人员费用　　31. 提高货款的回笼率　　32. 人力资源成本控制

33. 人力资源成本
预算与管理　　34. 人力资源成本
控制方法